TAÏWAN
FACE À LA CHINE

Du même auteur

Le Japon en 100 questions. Un modèle en déclin ?, Tallandier, 2020.

La Puissance chinoise en 100 questions, Tallandier, 2017 ; rééd. *La Chine en 100 questions. La puissance et les failles*, « Texto », 2021.

L'Art de la guerre. Deux commentaires de Sun Zi, Economica, 2011.

« La Chine des Jeux olympiques. Défis internes et externes », *Politique étrangère*, IFRI, 2008.

Chine-Japon. L'affrontement, Perrin, 2006.

« L'Asie centrale. Vers un nouveau "grand jeu" ? », *La Revue internationale et stratégique*, en collaboration avec Didier Billion, PUF, 1999.

Les Fondements de la stratégie chinoise, Economica, 1997.

Valérie Niquet

TAÏWAN FACE À LA CHINE

Vers la guerre ?

Préface de Bruno Racine

TALLANDIER

48, rue du Faubourg-Montmartre – 75009 Paris
www.tallandier.com

À Olivier, Bridget, Yves, Jean-Pierre, Erik et les autres.
À notre amitié…
Et à Taïwan.

Avertissement

Le nom officiel de Taïwan est République de Chine (ROC). Nous utiliserons indifféremment Taïwan ou République de Chine pour désigner le territoire administré par les autorités taïwanaises. Dans les quelques instances internationales qui acceptent Taïwan, la Chine impose, comme aux Jeux olympiques, le terme « Taipei chinois » (*Zhongguo Taibei*). Jusque dans les années 1950, en Occident, Taïwan était généralement appelé Formose. Tous ces noms résument la complexité de la question taïwanaise.

Alors que Pékin parle de « réunification » avec Taïwan, nous utiliserons de préférence le terme « unification », Taïwan n'ayant jamais fait partie de la République populaire de Chine.

Pour la transcription des noms chinois, nous utilisons la transcription Wade-Giles pour les noms propres utilisés à Taïwan et le Pinyin pour ceux utilisés sur le continent. En chinois, le nom de famille précède le prénom, des deux côtés du détroit de Taïwan.

Préface

Par l'un de ces paradoxes dont l'histoire est friande, Taïwan, la Formose d'autrefois, cette île qui n'a été rattachée au monde chinois qu'assez tardivement, est aujourd'hui au cœur de la question de l'identité de la nation chinoise – celle que le Parti communiste prétend incarner à lui seul, la souveraineté de fait de Taïwan n'étant dans cette vision qu'une anomalie transitoire.

Le livre de Valérie Niquet, avant d'en venir aux enjeux les plus actuels, a le mérite de retracer l'histoire de l'île, une mise en perspective indispensable si l'on veut comprendre les subtilités aussi bien de la politique intérieure taïwanaise que des relations tissées entre l'île et le continent. Il est important de rappeler que le peuplement original de Taïwan, demeuré majoritaire jusqu'au XVIIIe siècle, appartient à la grande famille austronésienne, au même titre que les Philippines ou l'Indonésie, que l'immigration chinoise a débuté lorsque les Hollandais ont souhaité l'exploiter en faisant appel à une main-d'œuvre plus docile que les indigènes, que l'île n'est entrée formellement dans l'Empire chinois que dans la seconde moitié du XVIIe siècle – sans être du reste entièrement contrôlée – et que c'est apparemment sans grands états d'âme que la dynastie mandchoue, après sa défaite contre le Japon, l'a cédée au vainqueur en 1895. Si la colonisation japonaise n'y a pas toujours été douce, tant s'en faut, il n'en reste pas moins que Tokyo a cherché à faire de Taïwan une colonie modèle, développant son économie, la dotant d'infrastructures modernes et ouvrant largement l'éducation aux populations locales. C'est cette relative osmose qui explique la dureté, voire la férocité avec laquelle Chiang Kaï-shek, replié sur l'île avec près de 2 millions de continentaux en 1949, a rapidement traité les autochtones, dont les élites parlaient mieux le japonais que le chinois et qui avaient combattu par dizaines de milliers dans l'armée impériale. Au point que dans l'imaginaire de nombreux Taïwanais, la colonisation japonaise apparaît rétroactivement idéalisée... Valérie Niquet montre également comment Taïwan est passé sans heurts à la fin des années 1980 d'une dictature incarnée jusqu'à sa mort en 1975 par le Generalissimo, ancien dauphin de Sun Yat-sen et admirateur du modèle léniniste, tout à son rêve de reconquérir le continent sur les « bandits communistes », à une démocratie authentique, où la liberté de la presse est exemplaire, capable de pratiquer l'alternance politique en douceur tout en restant parfaitement fonctionnelle comme le montrent, entre autres, ses résultats économiques, sans parler de son rayonnement culturel. C'est du reste parce que Taïwan constitue un modèle alternatif, en réalité plus performant dans la plupart des domaines que le « socialisme aux caractéristiques chinoises », que son existence séparée représente un défi insupportable pour Pékin. Pour autant, la relation entre les deux rives du détroit ne se limite pas à cette rivalité idéologique. Avec l'ouverture de la Chine au monde promue par Deng Xiaoping et la mondialisation des échanges, les entrepreneurs taïwanais de toute taille sont devenus l'un des moteurs essentiels du miracle chinois, et pour cette raison forment le groupe le plus attentif à éviter tout ce qui pourrait conduire à une rupture, et *a fortiori* à un conflit avec Pékin. C'est sur cette convergence des économies – la Chine absorbant 44 % des exportations taïwanaises – que Pékin comptait pour parvenir à l'unification, à l'époque où le mot d'ordre « une nation, deux systèmes », qui n'a plus de raison d'être depuis la mise au pas impitoyable de Hong Kong, était encore d'actualité. La relation entre Pékin et Taipei a évidemment fluctué au fil des alternances démocratiques sur l'île : relativement détendues lorsque le président était issu du vieux Kuomintang, toujours attaché au dogme de l'unité de la Chine, nettement moins amicales lorsque le chef de l'État était issu du parti indépendantiste, comme ce fut le cas entre 2000 et 2008, et de nouveau depuis 2016, avec Tsai Ing-wen, première femme élue à la tête d'un pays en Asie du Sud-Est. Mais il est frappant de constater la maturité de la classe politique taïwanaise, qui s'est toujours gardée de franchir la ligne rouge de l'indépendance formelle qui offrirait à Pékin le prétexte d'une intervention militaire. Cependant, le durcissement opéré par Xi Jinping en paroles et en actes constitue désormais un paramètre que ne peuvent ignorer même les courants taïwanais les plus soucieux de préserver de bonnes relations avec Pékin, y compris les entrepreneurs qui, comprenant les dangers d'une dépendance excessive à l'égard du grand voisin et soucieux de maintenir des liens profitables avec les États-Unis, commencent bon gré mal gré à relocaliser à domicile ou dans des pays tels que le Vietnam des activités productives précédemment implantées en Chine. L'évolution du régime chinois place en effet l'avenir de Taïwan au cœur de la rivalité sino-américaine, qui va structurer les relations internationales au cours des décennies à venir. L'île se situe au centre de la ligne d'archipels qui barre l'accès de la Chine aux grands espaces maritimes, entre le Japon et les Philippines, tous deux alliés aux États-Unis : elle constitue donc un enjeu stratégique de premier ordre, plus encore aujourd'hui qu'à l'époque de la guerre froide. En prendre le contrôle serait pour Pékin une victoire éclatante qui compromettrait la crédibilité des États-Unis non seulement auprès de ses partenaires de la région, à commencer par le Japon et la Corée, mais plus largement dans le monde. Pour autant, Taïwan ne bénéficie pas d'un accord de défense avec les États-Unis, même si ceux-ci entendent lui donner les moyens de se défendre et dénoncent le caractère inacceptable d'une réunification par la force. L'« ambiguïté stratégique », expression fétiche qui caractérise la relation depuis le *Taiwan Relations Act* de 1979, a certes donné lieu à de très importantes fournitures d'armes depuis trente ans, mais ce concept ne dit rien de ce que les États-Unis feraient ou ne feraient pas en cas d'attaque chinoise. Le vieux débat sur la question de savoir si l'incertitude renforce ou affaiblit la dissuasion trouve ici matière à s'appliquer. Or, si l'ambiguïté stratégique constituait une formule commode à l'époque où le recours à la force apparaissait dans le discours chinois comme un droit théorique, une sorte d'*ultima ratio* qu'il n'était pas possible d'exclure mais ne faisait pas l'objet d'une planification sérieuse, il n'en va plus de même lorsque l'un des objectifs évidents de l'accroissement spectaculaire des capacités militaires chinoises a pour but de permettre la conquête de l'île et que se multiplient les actes d'intimidation à son égard. Aussi bien Donald Trump que Joe Biden ont d'ailleurs eu sur le sujet des « lapsus » aussitôt rectifiés par le Département d'État mais qui sont révélateurs d'une tendance favorable à un engagement plus explicite des États-Unis dans la défense de Taïwan. De ce point de vue, la crise ukrainienne donne aux analyses de Valérie Niquet un relief supplémentaire, même si l'Ukraine n'a jamais bénéficié d'une aide militaire américaine aussi considérable que Taïwan et constitue de surcroît un État reconnu internationalement de plein droit. Il semble en effet que l'idée d'une opération-éclair, dont le succès rapide aurait laissé les Occidentaux médusés et impuissants, ait été l'objectif, ou le rêve, de Vladimir Poutine, comme il pourrait être demain celui de Pékin envers l'« île rebelle ». L'échec initial de l'ambition de Moscou, qui laisse la porte ouverte à toute une gamme de scénarios pour la suite, entre une dangereuse escalade militaire et une négociation diplomatique classique, peut certes inciter le régime chinois à en revenir à un comportement plus modéré, de crainte que l'armée populaire de libération

(APL) ne souffre de lacunes comparables à celles qui ont obéré la machine militaire russe en cas d'opérations majeures – or, tout ce qui n'est pas une victoire complète équivaudrait dans ce domaine à un échec. De plus, l'Occident s'est montré capable d'imposer à la Russie des sanctions qui peuvent avoir un impact négatif pour lui-même, comme si la prise en compte des valeurs l'avait emporté sur les stricts intérêts économiques, par exemple dans l'affaire Nord Stream 2. Au demeurant, la crise ukrainienne, venant après la pandémie de Covid-19, accélère la remise en question en Occident des bienfaits de la mondialisation, ou du moins d'une conception trop naïve de celle-ci qui la voudrait découplée des enjeux politico-stratégiques. La Chine ne peut ignorer ce mouvement, qui risque de la priver d'une partie de ses leviers mais qui d'un autre côté diminue aussi sa vulnérabilité à des représailles. Pékin sait en outre que le rôle de l'industrie et de la recherche taïwanaise demeure crucial dans des domaines clés pour son propre développement et sa capacité à s'imposer au niveau mondial. Mais l'expérience ukrainienne peut également amener les dirigeants chinois à analyser en détail les causes des déconvenues russes et à prendre le temps de combler les insuffisances de leurs forces armées, tout en développant les formes de guerre hybride par lesquelles ils s'efforcent déjà d'influer sur le destin de Taïwan.

Toutefois, la vitalité de la démocratie taïwanaise et le repoussoir que constitue le modèle répressif instauré par Xi Jinping, même aux yeux des Taïwanais hostiles à l'indépendance, sont autant d'obstacles au succès d'une telle stratégie. Parallèlement, les autorités taïwanaises, surmontant les réticences d'une partie de la population, entendent renforcer leurs capacités de défense en développant des équipements, tels les sous-marins, qu'elles ne peuvent se procurer à l'extérieur en raison des pressions exercées par Pékin sur les fournisseurs potentiels. Si la menace d'un conflit à court terme, épouvantail souvent agité aux États-Unis pour exiger une augmentation des dépenses militaires, est ainsi susceptible de s'éloigner, il serait imprudent de s'attendre à ce qu'il en soit de même des tensions quotidiennes, dont certaines pourraient donner lieu à une erreur de perception ou un dérapage incontrôlé entre les protagonistes. Taïwan est donc à la fois un acteur essentiel et un otage de la compétition entre les deux grandes puissances du XXIe siècle, un acteur qui voit sa légitimité reconnue dans de multiples domaines tout en demeurant paradoxalement une sorte de paria diplomatique. Puisque le slogan « un pays, deux systèmes » n'est plus crédible, Valérie Niquet dessine deux grands scénarios opposés pour l'île, et donc aussi pour le monde de demain. Pour que l'Europe, dont la boussole stratégique montre qu'elle a désormais une vision moins irénique de la politique chinoise, soit en mesure de peser sur les évolutions à venir, et dans la mesure du possible vers une issue pacifique, une compréhension lucide des enjeux est nécessaire. Cet ouvrage apportera à cet égard une contribution essentielle.

Bruno Racine
Président de la Fondation
pour la recherche stratégique

Taïwan dans son environnement régional

Introduction

La trêve est rompue dans le détroit de Taïwan et un nouveau front pourrait s'ouvrir en Asie*. Depuis l'élection de Tsai Ing-wen, présidente de la République « indépendantiste » en 2016, la République populaire de Chine (RPC) a suspendu toutes les relations de haut niveau avec l'île et multiplie les provocations militaires. L'obsession de Xi Jinping, maître de la Chine depuis 2012, est la revanche sur le passé, l'affirmation de puissance au sein d'un espace chinois fantasmé, hérité de la dynastie mandchoue, et surtout la survie du régime de dictature du Parti communiste établi en 1949. Il s'est donné pour objectif le rattachement de Taïwan à la Chine, dans des termes de moins en moins conciliants.

Si la guerre n'est pas imminente, on peut s'inquiéter des risques de dérapage provoqués par un dirigeant chinois prompt à surestimer les capacités d'une armée

* Dans les années 1980, alors que la Chine était très faible et souhaitait se rapprocher des États-Unis, Deng Xiaoping mettait au contraire en avant le concept d'unification pacifique.

populaire de libération (APL) « prête au combat ». De son côté, la présidente taïwanaise appelle au contraire les dirigeants chinois à maîtriser leurs tentations aventuristes et réaffirme l'attachement de Taïwan à la démocratie et à sa souveraineté[1].

Refuge du gouvernement de la République de Chine (ROC) depuis 1949, jamais contrôlé par la RPC, Taïwan a aujourd'hui un statut très particulier : État de fait, mais sans relations diplomatiques complètes en dehors d'une poignée de pays dont le nombre se réduit d'année en année. État démocratique dans un monde chinois qui oscille entre autoritarisme (Singapour) et totalitarisme (RPC), État non reconnu, mais qui jouit d'une légitimité croissante dans l'opinion publique mondiale, auprès des grandes démocraties, et qui entretient des relations quasi diplomatiques avec cinquante-huit États et organisations membres de l'ONU.

Taïwan pose un défi majeur au régime communiste établi sur le continent. L'île « rebelle » démontre que, dans le monde chinois, un autre modèle, politiquement et socialement ouvert et non autoritaire, est possible. L'existence et la nature même de la démocratie taïwanaise sont la preuve du caractère universel de ces valeurs démocratiques que Pékin dénonce avec force. Quelle différence, en effet, entre le Taïwan de la fin des années 1970, encore soumis à la loi martiale et aux arrestations arbitraires, mais où des groupes de jeunes et d'artistes, déjà, se tournaient vers leurs racines et le Taïwan de mes dernières visites en 2019, dans une capitale à la fois modernisée et soucieuse de la préservation de son patrimoine diversifié ! En 2021, Taïwan a été classé au premier rang des démocraties asiatiques, devant le Japon et la Corée du Sud, au huitième rang dans le monde. Et c'est aussi à Taïwan que Reporters sans frontières a choisi de déplacer son bureau lorsque la situation à Hong Kong est devenue intenable.

Depuis la démocratisation des années 1980, c'est la question de l'identité qui occupe les Taïwanais, notamment d'une identité politique qui s'affirme avec force face à une Chine qui veut l'étouffer. La question de l'indépendance formelle en revanche est moins urgente : à peine plus de 7 % des Taïwanais se déclarent favorables à la « réunification », mais ils sont aussi peu nombreux (6,6 %) à souhaiter une indépendance immédiate. Le souci de ne pas provoquer Pékin, au risque d'une guerre, l'emporte sur la volonté de couper les ponts avec cette immense Chine qui ne s'est jamais vraiment souciée, jusqu'à une période récente, de la lointaine Ilha Formosa (la Belle Île)*.

Taïwan n'a quasiment jamais été contrôlé par la Chine continentale. En revanche, l'île constitue, avec son histoire complexe, faite d'héritages multiples, son processus de démocratisation, accompli pratiquement sans violence à partir de la fin des années 1970, le modèle qui demain pourrait offrir de nouvelles perspectives à une Chine aujourd'hui prisonnière d'un régime totalitaire trop rigide et moins solide que les apparences le donnent

* Ce n'est qu'en 1544 que Formose a été pour la première fois mentionnée non par des Chinois mais par des marins portugais.

à penser[2]. La crise du Covid-19 et ses millions de morts est venue un peu plus démontrer que le modèle chinois souffre de faiblesses internes dont les conséquences sont dramatiques pour tous.

L'objectif de cet ouvrage est d'aider à comprendre la spécificité de Taïwan et la « question taïwanaise », dont la dimension géostratégique s'étend bien au-delà de l'Asie-Pacifique. La République populaire de Chine vit sur les vestiges idéologiques du XIXe siècle, Taïwan représente au contraire l'avenir, une modernité fondée sur l'esprit d'ouverture et la capacité d'adaptation. Au fur et à mesure que la Chine se radicalise et se ferme, maniant invectives et agressivité, Taïwan apparaît comme de plus en plus légitime au reste du monde, et la non-reconnaissance par ses pairs, comme une aberration.

Pour Taïwan, la question de l'avenir demeure toutefois complexe. Contrairement à Chiang Kaï-shek, le dirigeant du Kuomintang (KMT 國民黨) resté au pouvoir jusqu'à sa mort à Taipei le 5 avril 1975, les dirigeants taïwanais d'aujourd'hui ne veulent pas « reconquérir le continent » et en chasser les « bandits communistes » comme le proclamaient encore les slogans imprimés sur les tickets d'autobus dans le Taïwan des années 1970. Indépendantistes ou « nationalistes », ils aspirent à voir reconnue leur légitimité, et à préserver sans provocation un *statu quo* qui ne coupe pas les liens économiques avec Pékin.

En Chine, l'arrivée de Deng Xiaoping au pouvoir en 1978 et la politique de réformes et d'ouverture sur l'Occident et la Chine d'outre-mer qu'il avait mise en place avaient pu faire espérer une évolution positive du régime chinois. Une convergence avec Taïwan semblait alors possible aux yeux des Occidentaux mais aussi des Taïwanais qui participaient à plein à l'émergence économique de la Chine. Elle pourrait le redevenir avec une Chine à nouveau libéralisée.

La pire des solutions serait la guerre pour une conquête hasardeuse de l'île par les forces communistes ; une guerre qui précipiterait sans doute un changement de régime ou de personnel politique à Pékin en raison de son coût et d'une défaite possible. Mais avec Xi Jinping, le régime actuel demeure obsédé par sa légitimité, focalisé sur la réparation des torts passés et la renaissance de la puissance chinoise, dont l'unification, pacifique ou non, avec Taïwan témoignerait avec éclat. Pour les dirigeants chinois qui se placent dans la continuité de Mao, seule cette « réunification » peut mettre un terme à la guerre civile inachevée qui a opposé le Kuomintang et le Parti communiste, jusqu'à la prise de pouvoir par ce dernier sur le continent en 1949.

Dans tous les cas de figure, Taïwan occupe une place centrale. Pour la Chine, Taïwan représente un défi idéologique et géopolitique et un révélateur en miroir de ses propres faiblesses. La survie de ce David face au Goliath chinois, son dynamisme, sa puissance d'innovation, sa capacité de séduction, son *soft power** qui s'affirme,

* Le *soft power* ou « puissance douce » est un concept qui désigne le pouvoir d'influence par des moyens non coercitifs.

quand le régime chinois est de plus en plus critiqué, ses succès et sa légitimité internationale grandissante sont de moins en moins acceptables à Pékin.

Dans le même temps, militairement, seul face à la Chine, Taïwan aurait du mal à résister. Mais la question taïwanaise s'inscrit dans la rivalité plus large qui oppose la RPC aux États-Unis. Ni ces derniers ni aucune puissance démocratique ne peuvent être indifférents à l'avenir de l'île car toute crise impliquant Taïwan aurait des retentissements dans l'ensemble du monde avec des conséquences militaires mais aussi géopolitiques, idéologiques et économiques considérables. L'abandon de la démocratie taïwanaise à une éventuelle offensive de Pékin n'est pas acceptable. Pas plus que ne l'est l'invasion de l'Ukraine par la Russie. Et le contre-exemple de Hong Kong, où toutes les promesses de liberté ont été bafouées, nous rappelle les limites des engagements chinois.

D'ores et déjà, l'ostracisme dont souffre Taïwan dans les organisations internationales ne va plus de soi, et des voix s'élèvent pour y mettre fin, y compris en France et en Europe. Personne n'a compris qu'en pleine crise du Covid-19, originaire de Chine, Pékin pose son veto à toute participation de l'île aux travaux de l'Organisation mondiale de la santé (OMS).

Il est aujourd'hui plus que jamais urgent de mieux connaître Taïwan, cette île indépendante de fait, mais dont le statut n'est pas reconnu en dépit de son caractère parfaitement démocratique. Pour ce faire, il est essentiel de connaître son histoire, ses spécificités, les menaces auxquelles elle fait face et les enjeux qui s'y rattachent et nous touchent très directement. Car si le détroit de Taïwan se situe à près de 10 000 km de notre continent, un conflit en Asie impliquant la Chine aurait des conséquences majeures sur les équilibres mondiaux et ni l'Europe ni la France ne seraient épargnées.

Zone d'identification aérienne de Taïwan

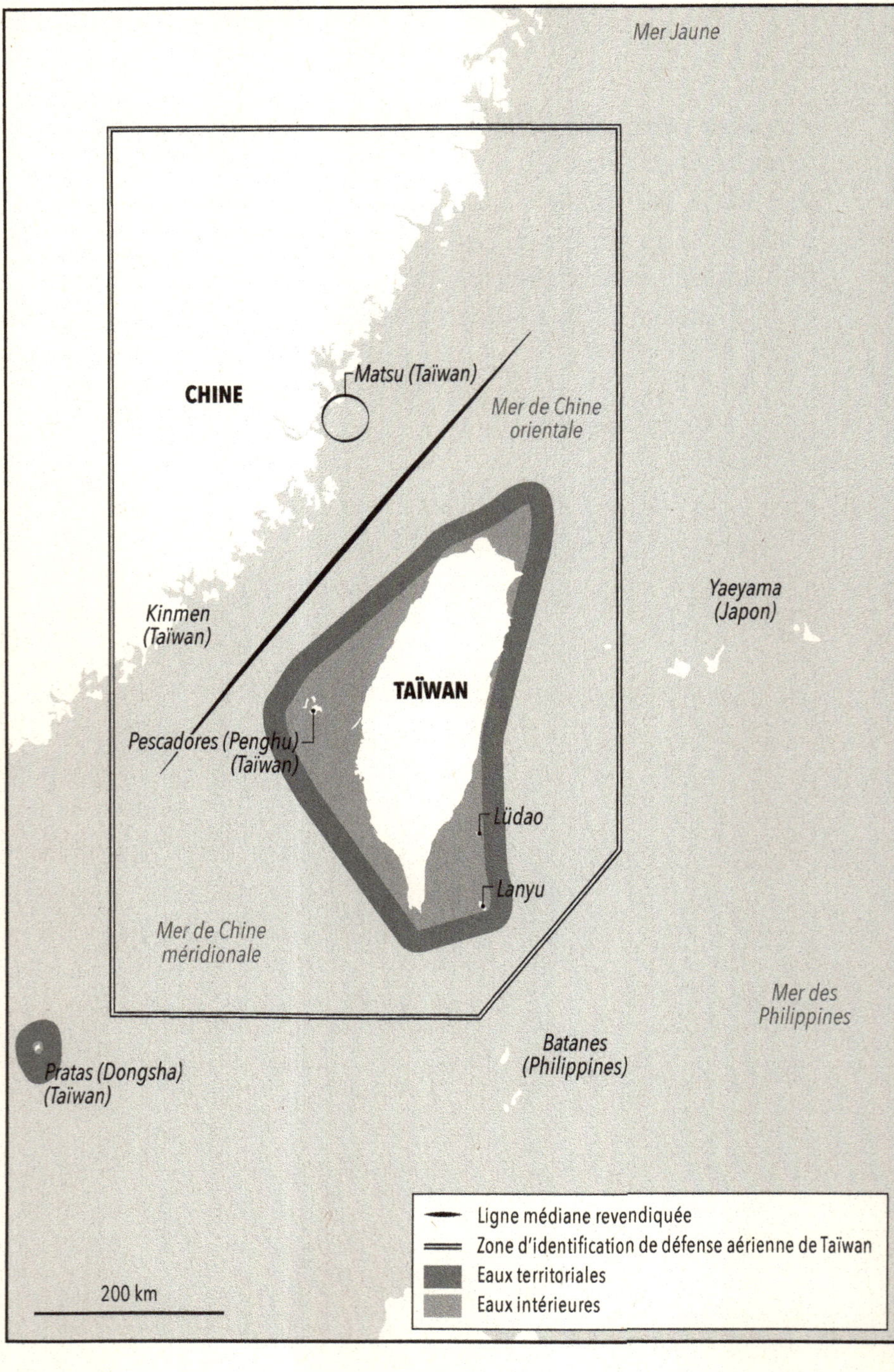

Chapitre premier

Vers la guerre ?

En dépit de l'épidémie de Covid-19 qui a d'abord frappé la Chine avant de se répandre dans le reste du monde, les bruits de bottes se font entendre dans le détroit de Taïwan et la crainte d'une guerre ouverte s'est fait plus précise, entre gesticulations militaires et déclarations martiales de Pékin.

Depuis 2021, les incursions chinoises dans la zone d'identification aérienne (ZIDA) de Taïwan sont quasi quotidiennes. Entre 2020 et 2021, l'augmentation a été de 150 %, pour atteindre 230 intrusions mobilisant 886 avions à la fin de l'année, et le mouvement s'est poursuivi en 2022[1]. Le record (provisoire) a été battu au mois d'octobre 2021, avec un survol de 56 avions dans la même journée.

Le temps des gesticulations

Au-delà du nombre, la nature des appareils est significative : les avions de combat de quatrième génération sont en effet de plus en plus nombreux. Des bombardiers nucléaires sont accompagnés d'appareils d'alerte avancée, de guerre électronique et de lutte anti-sous-marine. La nature des entraînements est plus sophistiquée. Les forces aériennes chinoises ont également franchi à plusieurs dizaines de reprise la ligne médiane qui traverse le détroit de Taïwan entre l'île et le continent, autre signal fort de la part de la Chine.

Pékin affirme aussi avoir la possibilité d'encercler Taïwan en franchissant le détroit qui sépare l'île du Japon. Lors d'un exercice effectué le 29 mars 2021, les forces aériennes chinoises ont longé les côtes taïwanaises du côté du Pacifique en passant par ce détroit de Miyako[2].

Dans cette démonstration de force, l'APL ne se limite pas aux exercices aériens. À plusieurs reprises entre 2019 et 2021, la Chine a envoyé un groupe aéronaval dans le détroit de Taïwan et vers le Pacifique. Au mois de décembre 2020, c'est le *Shandong*, le deuxième porte-avions construit par la Chine, qui y a croisé avant de poursuivre en direction de la mer de Chine méridionale. Au mois d'avril 2021, le porte-avions *Liaoning*, accompagné de cinq navires d'escorte, dont le destroyer lance-missiles T055 Renhai, un des bâtiments les plus modernes de la flotte chinoise, s'y est montré.

Les experts chinois présentent ces exercices comme une nouvelle « routine »[3]. Il s'agit, selon Pékin, d'envoyer un signal fort de « dissuasion » à Taïwan, avertissement à ceux qui seraient tentés par une déclaration formelle d'indépendance – et plus encore peut-être aux États-Unis – en brandissant les menaces de guerre. En réalité, derrière ces justifications, Pékin veut montrer sa force. Les gesticulations militaires sont aussi destinées à accompagner et à renforcer la crédibilité des déclarations de plus en plus agressives des dirigeants chinois au sujet de Taïwan.

Le 7 mars 2021, en marge de la réunion annuelle de l'Assemblée populaire nationale (APN), le ministre chinois des Affaires étrangères Wang Yi déclarait ainsi que « les deux rives du détroit doivent être et seront réunifiées ». Les États-Unis sont prévenus : ils ne doivent pas « franchir la ligne rouge » ni « jouer avec le feu » sur la question de Taïwan, qui ne peut donner lieu à « aucun compromis et aucune concession » de la part de Pékin[4]. Dans le même temps, la Chine observe la guerre en Ukraine, et les capacités de réaction de Washington, guettant le moindre signe de faiblesse dans la capacité d'action de la superpuissance américaine.

Cette position de principe sur la « réunification de la patrie », qui irait dans le sens de l'histoire selon la RPC, n'est pas nouvelle ; mais depuis l'arrivée au pouvoir de Xi Jinping, le ton s'est fait plus urgent : « la Chine doit et sera réunifiée[5] ». Comme si les dirigeants chinois craignaient de voir la « période d'opportunité » autorisant l'unification se réduire, et le sens de l'histoire s'inverser. Pour Xi, il n'est pas question de renoncer à l'usage de la force pour accélérer la marche de l'histoire si nécessaire. Si la « réunification pacifique » est officiellement préférée, aucune chance ne doit être laissée aux « activités séparatistes »[6]. En 2013, Xi Jinping déclarait déjà à un envoyé du président taïwanais de l'époque que « le problème [de Taïwan] ne pourra pas être transmis indéfiniment de génération en génération », semblant vouloir imposer une échéance plus précise et renoncer au flou qui entourait les perspectives de « réunification de la patrie »[7].

À Pékin, on dénonce aussi les « ingérences étrangères » qui soutiendraient ces activités séparatistes pour mieux affaiblir la Chine. Pour Xi Jinping, la « grande renaissance de la nation chinoise » passe par la « réunification de la patrie ». Comme le souligne le quotidien nationaliste *Global Times*, « la Chine ne laissera jamais la tragédie de la sécession du pays se reproduire »[8].

Ultime avertissement qui se veut une véritable démonstration de force, à l'occasion du 100e anniversaire de la création du Parti communiste chinois, le 1er juillet 2021, date symbolique s'il en est pour le régime, Xi Jinping a de nouveau rappelé, dans le style ronflant du Parti communiste, que « personne ne doit sous-estimer notre résolution, notre volonté et la capacité formidable de la grande muraille d'acier du peuple chinois à défendre la souveraineté nationale et l'intégrité territoriale ». Taïwan pourrait être aux yeux de Xi Jinping la « mère de toutes les batailles », militaire mais aussi stratégique et idéologique. Celle par laquelle la RPC pourrait imposer définitivement à la face du monde, et à celle de sa propre population, la supériorité indiscutable de son système politique.

Quand la RPC s'ouvrait à Taïwan

Pourtant, cette posture très agressive contraste avec celle adoptée par la Chine des réformes lancées par Deng Xiaoping à partir de 1979. Pour Mao, après la prise de pouvoir par les communistes en 1949, la conquête de Taïwan qualifiée de « libération » aurait été le moyen de parachever le triomphe du Parti communiste. Mais les moyens très limités de l'APL, dont les forces navales étaient alors inexistantes, ainsi que les défis stratégiques, économiques et idéologiques majeurs auxquels était confrontée la Chine maoïste, immédiatement plongée dans la guerre de Corée, interdisaient toute action face à Taïwan sous la protection des États-Unis en pleine guerre froide. La bataille de Kinmen, au mois d'octobre 1949, s'est traduite par une défaite puis par le repli des quelques milliers d'hommes que la Chine communiste avait lancés dans la bataille.

Deux autres séries d'incidents ont eu lieu dans le détroit de Taïwan en 1955 puis en 1958, quand la République populaire de Chine a bombardé les archipels de Kinmen, Matsu et Tachen situés à quelques encablures du continent mais contrôlées par la République de Chine pour tenter de s'en emparer*. L'engagement américain de « défendre Taïwan contre toute attaque communiste », en pleine guerre froide, a rapidement interrompu les velléités de Pékin de prendre le contrôle des îlots. Par la suite, la situation toujours tendue s'est stabilisée.

À partir de la fin des années 1970, la priorité pour Pékin n'était plus la « libération » de Taïwan mais le rapprochement avec les États-Unis et les réformes. Les dirigeants chinois n'avaient pas renoncé, sur le principe, à la réunification, mais l'heure était à la convergence entre les deux rives du détroit, notamment économique, et moins aux menaces d'usage de la force.

Dans un message de Nouvel An adressé aux « compatriotes de Taïwan », la Chine s'engageait à « tenir compte de la réalité » et à respecter le *statu quo*. En 1979, Deng Xiaoping, au cours d'une visite historique de deux semaines aux États-Unis, déclarait devant le Sénat que la Chine abandonnait le concept de « libération » de Taïwan avant d'adopter celui de « un pays deux systèmes »[9].

De fortes tensions ont à nouveau eu lieu dans le détroit de Taïwan en 1995 et 1996 alors que la Chine tentait de faire pression sur les autorités de l'île en exécutant plusieurs exercices de tirs de missiles à munitions réelles à proximité des côtes taïwanaises. Les dirigeants chinois pensaient pouvoir, par ces manœuvres, interdire une visite du président Lee Teng-hui aux États-Unis, puis peser sur le résultat des premières élections du

* L'archipel de Tachen a été évacué en 1955.

président de la République au suffrage universel dans l'île. Le résultat a été inverse à celui espéré par Pékin : le président Lee a été élu massivement et les forces chinoises ont dévoilé leur faiblesse devant l'envoi de forces américaines dans le détroit. En 1996, le dirigeant chinois Jiang Zemin (1993-2003) est donc revenu à une stratégie moins agressive, appelant à la reprise des négociations pour une réunification pacifique.

Avec Hu Jintao (2003-2013), le successeur de Jiang Zemin, les relations avec Taïwan suivent le principe de « développement pacifique » qui semble l'emporter en Chine, et c'est le choix du *statu quo* qui s'impose. La Chine mise sur une intégration économique croissante entre les deux rives du détroit pour aboutir à une unification de fait, avec un certain succès. La réunification par la force, si elle n'a jamais été abandonnée en principe, n'est alors pas d'actualité.

Cette stratégie d'apaisement fondée sur la séduction des élites de l'île, notamment économiques, s'expliquait aussi par le constat du très grand déséquilibre des forces entre l'APL et les forces taïwanaises soutenues par les États-Unis. À partir du milieu des années 1990, la priorité pour Pékin sera donc de renforcer ses capacités militaires avec comme objectif la dissuasion de toute volonté de résistance à Taïwan et l'interdiction de toute intervention américaine.

AU CŒUR DE LA PENSÉE STRATÉGIQUE CHINOISE

Les dirigeants chinois ont alors un objectif : se doter de la capacité de conquérir Taïwan par les moyens de la guerre asymétrique et d'interdire, de dissuader ou de ralentir une intervention des États-Unis. La Chine a accompli d'immenses progrès en matière militaire, mais ses forces sont encore loin de pouvoir l'emporter dans un conflit direct impliquant Washington. Même face à Taïwan seul, le coût humain et matériel d'une guerre serait considérable. L'objectif pour la RPC est donc de mobiliser toutes les dimensions, militaires et non militaires, pour tenter de remporter la victoire au moindre coût.

En 2005, la loi anti-sécession adoptée par l'APN proclame que jamais la Chine n'acceptera la sécession de Taïwan. Selon cette loi, le recours à la force est légitime en cas de déclaration d'indépendance, mais également si toutes les possibilités de réunification pacifique ont été épuisées. Ainsi, si la Chine pense avoir perdu tout espoir de convaincre les Taïwanais de la rejoindre, elle se réserve le droit « inaliénable » d'avoir recours à des moyens « non pacifiques »[10].

Le sujet de Taïwan est donc au cœur du développement des capacités militaires de l'APL, avec un budget (209 milliards de dollars) qui se situe désormais au deuxième rang mondial, derrière les États-Unis (768 milliards de dollars).

Si la Chine a longtemps été consciente de ses limites, il semble que, pour Xi Jinping, l'hubris l'emporte. La RPC n'est sans doute pas prête à lancer une attaque non provoquée contre Taïwan, mais elle multiplie les pressions et les tests destinés à réaffirmer ses ambitions et à marquer son impatience, au risque d'un dérapage toujours possible. Cette méthode de la pression permanente est intégrée à la pensée stratégique chinoise de guerre asymétrique. Pour citer Sun Zi, « lorsqu'une armée est faible, elle doit sembler forte » pour mieux impressionner l'adversaire et le dissuader d'intervenir. C'est ce principe qui est au cœur de toute la stratégie chinoise concernant Taïwan.

Alors que le Livre blanc chinois de la défense 2008 considérait encore que la situation dans le détroit de Taïwan avait pris un tour « positif », le ton a radicalement changé sous Xi Jinping. Dans l'édition 2019, Taïwan, premier des « intérêts cardinaux » du régime chinois, est mentionné une douzaine de fois. « L'agressivité et la volonté de confrontation des autorités taïwanaises » sont violemment dénoncées et les forces indépendantistes séparatistes, décrites comme la « plus grave menace immédiate pour la paix et la stabilité dans le détroit de Taïwan »[11]. En cas de conflit, ce sont elles qui sont par avance dénoncées comme responsables.

Dans le chapitre que le Livre blanc consacre à la stratégie défensive de la Chine, la mission de « contenir l'indépendance de Taïwan » arrive en troisième position, derrière la dissuasion de toute agression contre le territoire national et la préservation de la « sécurité politique » et de la « stabilité sociale »[12].

Bras armé du Parti communiste, l'APL doit en effet avant tout préserver le régime contre toute menace interne. Or, perdre l'île serait un affront direct à la légitimité et à l'autorité du Parti. Comme le proclament Xi Jinping et les organes de propagande : « Résoudre la question de Taïwan et parachever la réunification complète du pays est essentiel pour réaliser la "renaissance nationale". »

Dans ce contexte, les manœuvres des bâtiments et des avions chinois autour de Taïwan ont une fonction de mise en garde. Il s'agit, pour la RPC, de faire montre de sa détermination à aller jusqu'à la guerre si nécessaire.

La rivalité avec les États-Unis

Après la longue période d'apaisement qui a suivi la politique de réformes économiques et d'ouverture de Deng Xiaoping et l'établissement de relations diplomatiques avec les États-Unis en 1979, les tensions sont réapparues, et Taïwan est aujourd'hui sur la ligne de front de la rivalité stratégique entre Pékin et Washington. Taïwan fait en effet partie de la première chaîne d'îles qui, de l'archipel japonais aux Philippines, ferment l'accès libre vers l'océan Pacifique, nouveau champ d'action de la marine chinoise. À ce titre, Taïwan est un atout stratégique et militaire majeur, pour la RPC comme pour les États-Unis et leurs alliés en Asie. Si

Pékin multiplie les manœuvres et les exercices autour de l'île, Xi Jinping et ses généraux savent qu'en cas de conflit les capacités de la RPC sont loin d'égaler celles de la superpuissance américaine, à moins d'avoir recours au chantage nucléaire. Taïwan est donc aussi un test de la capacité du régime chinois à s'imposer face à la puissance américaine.

L'ambition de la Chine, au-delà de Taïwan, est de pousser les États-Unis au retrait d'une région qu'elle considère comme sa zone naturelle d'influence, dans une sorte de doctrine Monroe à la chinoise*. L'idéal serait de dissuader Washington d'intervenir sur la question, démontrant ainsi les limites de l'engagement américain en Asie. Or, la solidité de cet engagement peut poser question. Derrière Taïwan, ce sont le Japon et la Corée du Sud, les deux principaux alliés des États-Unis dans la région, qui s'interrogent. Si ceux-ci renonçaient à soutenir Taïwan en cas d'agression chinoise, Séoul comme Tokyo pourraient être plus sensibles au discours chinois de communauté d'intérêt, bouleversant ainsi les équilibres stratégiques en Asie. Pékin fait donc tout pour accroître les doutes et le coût potentiel d'une intervention américaine.

Alors que la réunification de la patrie demeure le moyen ultime pour le Parti communiste de démontrer sa supériorité et l'évidence d'un sens de l'histoire qui interdirait tout retour en arrière, en interdisant à Pékin

* La doctrine Monroe, du nom du cinquième président des États-Unis, visait à interdire toute intervention et présence de puissances extérieures sur le continent américain dans son environnement proche.

l'hypothèse trop risquée du recours à la force pour « réunifier la patrie », les États-Unis posent un défi direct à l'affirmation de puissance sur laquelle Xi Jinping tente de fonder sa légitimité à long terme.

La guerre de l'innovation

La puissance, au XXIe siècle, n'est rien sans la capacité d'innover et, en la matière, en dépit des moyens colossaux investis par Pékin, c'est encore Taïwan qui l'emporte et constitue un défi humiliant pour la Chine. La RPC est une vraie puissance industrielle, l'atelier du monde, et l'exploitation sans complexe des technologies liées à l'intelligence artificielle (IA) pour surveiller, contrôler, diriger, impressionne ses partenaires et renforce l'image de modernité de la puissance chinoise. Pourtant, face à l'épidémie de Covid-19 qui a émergé sur son propre territoire, la science chinoise n'a pas su apporter de solutions performantes en dehors de la mobilisation de sa machine productive pour fabriquer des masques, produits de basse technologie. Ça n'est pas la Chine, en dépit des moyens financiers et humains considérables dont elle dispose, qui a pu en un temps record fournir au monde des vaccins fiables. Sur ces deux points, Taïwan n'est pas en meilleure position : cela fait des décennies que les productions massifiées de produits bon marché sont fabriquées en Chine, et la recherche sur les vaccins ne constituait pas une priorité.

En revanche, c'est Taïwan et non la Chine qui occupe aujourd'hui la première place pour la fabrication des semi-conducteurs, l'or noir du XXe siècle, sans lesquels nos sociétés de plus en plus informatisées ne peuvent pas fonctionner. Depuis deux décennies, la « grande Chine » investit sans succès pour se libérer de cette dépendance au « petit Taïwan », qui maîtrise les technologies nécessaires à la fabrication des puces les plus sophistiquées, celles dont l'industrie chinoise, civile et militaire, ne peut se passer. Prendre le contrôle par les armes de cette capacité taïwanaise pourrait être une tentation à Pékin, mais lancer une offensive pour s'en emparer en imposant une unification forcée entraînerait une destruction de l'appareil industriel sophistiqué de l'île. Et les brevets, contrôlés par les États-Unis, pourraient être utilisés ailleurs, dans de nouvelles usines construites par les grandes entreprises taïwanaises qui dominent le secteur. L'avance de Taïwan ne peut pas être rattrapée à coups de milliards et de débauchage d'ingénieurs : c'est tout un biotope fondé sur la transparence, la confiance, l'ouverture et la liberté de pensée que le régime chinois ne peut pas accepter. Pékin envoie des « taïkonautes » dans l'espace, comme les États-Unis et l'URSS dans les années 1960. Mais c'est à Taïwan que l'on sait fabriquer les technologies de demain.

La ligne de front idéologique du Parti communiste

Alors que le régime chinois est confronté à d'immenses défis économiques, stratégiques et sociaux, il lui faut sans cesse réaffirmer sa légitimité et le caractère incontestable de la domination du Parti communiste – et le rejet du principe d'universalité des valeurs démocratiques est au cœur de cette vérité. Au contraire, Taïwan démontre que les principes universels de défense des Droits de l'homme et de respect de la démocratie peuvent être tout aussi « chinois » qu'occidentaux.

L'existence de Taïwan pose donc à la RPC un double défi idéologique et existentiel : c'est la question de la nature de la « Chine » en tant qu'État-nation qui est posée, mais aussi celle de l'assimilation du Parti communiste à cette nation chinoise en réalité très diverse[13]. Taïwan et son statut d'indépendance de fait sont en réalité un rappel constant de la faiblesse idéologique du Parti, incapable de convaincre les « compatriotes » de l'île de rejoindre la patrie communiste.

La transition démocratique que l'île a connue renvoie également en miroir aux échecs et aux drames de la révolution chinoise : sans presque verser une goutte de sang, Taïwan s'est progressivement démocratisé et l'initiative est venue des dirigeants du Kuomintang eux-mêmes. L'évolution de Taïwan démontre que les changements de régime sont possibles et positifs. C'est contre ce scénario catastrophe pour sa survie que le Parti communiste lutte avec constance.

Taïwan est donc au cœur des intérêts de sécurité du régime chinois à tous les niveaux : géostratégiques, militaires, scientifiques et idéologiques. Plus de soixante-dix ans après que les restes de l'armée nationaliste du « Generalissimo » Chiang Kaï-shek et une partie du personnel politique et de l'administration de la République de Chine ont trouvé refuge sur l'île, la relation se tend des deux côtés du détroit. Taïwan est devenu un abcès insupportable pour le régime de Pékin.

L'empire de Chine sous les Ming (1368-1644)

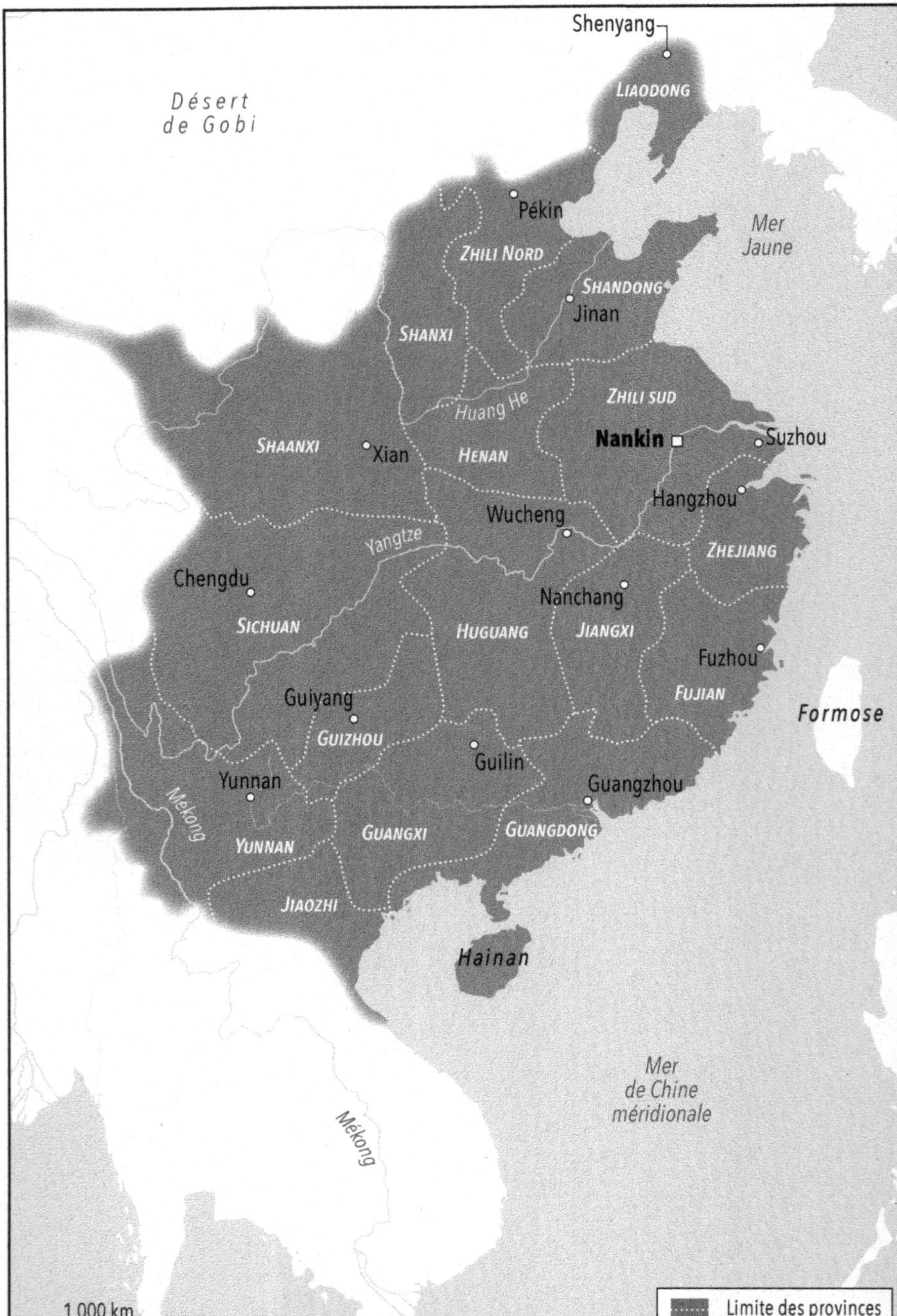

CHAPITRE 2

Taïwan est-il chinois ?

Dans sa volonté de « réunification de la patrie », le régime de Pékin rencontre une difficulté majeure : Taïwan n'a jamais fait partie de la République populaire de Chine (RPC) et au cours des siècles précédents, la Chine impériale n'y a exercé qu'une autorité sporadique et limitée. C'est ce que montre l'histoire d'une île dont l'identité a été forgée par de multiples apports, des populations austronésiennes qui la peuplaient originellement à la colonisation japonaise, en passant par la présence de la Compagnie des Indes néerlandaises, la rébellion de la dynastie Ming regroupée autour de Koxinga, un empire Qing très réticent, et des vagues de populations venues du continent, des provinces du Sud d'abord, puis de l'ensemble du territoire après l'effondrement du gouvernement nationaliste en 1949.

UNE HISTOIRE COMPLEXE

Austronésiens, Hollandais et Japonais

Avant d'être chinois, Taïwan, en marge des grands circuits de navigation du XVe siècle, est austronésien. Les premières traces d'occupation, par des populations qui se sont diffusées de l'océan Pacifique à l'océan Indien, datent du troisième millénaire avant notre ère. Ces populations, organisées en clans rivaux, ont été progressivement assimilées et acculturées, jusqu'à ne constituer aujourd'hui que 2 % de la population de l'île. Mais, jusqu'au XVIIe siècle, elles étaient de très loin majoritaires, intégrées aux jeux complexes entre Hollandais, Japonais et marchands chinois.

Les premiers contacts avec la Chine datent du XIIIe siècle, avec le développement d'une activité de pêcheurs et de marchands originaires du Fujian*. Cette implantation sera longtemps très limitée à quelques centaines de personnes, et non permanente, confrontée à l'hostilité très active des communautés austronésiennes qui occupent le territoire. Au début du XVIIe siècle, les communautés chinoises installées à Taïwan n'auraient compté que quelques milliers de personnes[1]. Outre la pêche, ces communautés développent des liens commerciaux avec les groupes aborigènes, échangeant du fer et des textiles contre du charbon, du soufre, de l'or et des

* Voir carte p. 42.

peaux de daims. Ces échanges sont par ailleurs intégrés à une sorte de commerce triangulaire impliquant le Japon.

Avant l'arrivée des Hollandais, ce sont en effet les marchands japonais, dépendants des seigneurs féodaux, gouverneurs des clans de l'ouest de l'archipel, qui sont les plus présents et les plus actifs dans l'île. Dans le jeu complexe des relations entre l'archipel nippon et l'Empire de Chine, qui, sous les Ming (1368-1644), oscille entre périodes d'ouverture au commerce extérieur et de fermeture, Taïwan occupe une place centrale.

En 1567, l'empereur Ming accepte de lever l'interdiction de commerce extérieur, sans toutefois encourager massivement les échanges maritimes, qui resteront essentiellement d'initiative privée, en direction de l'Asie du Sud-Est ou de Taïwan. En revanche, l'empire Ming n'a pas officiellement repris les échanges avec le Japon. Les Japonais viennent échanger de l'argent contre des textiles et des porcelaines chinoises sur l'île, qui devient une sorte de « zone franche » entre ces deux puissances asiatiques.

Dès la fin du XVIe siècle, viennent s'ajouter à ces relations complexes les Hollandais de la Compagnie des Indes orientales. Après l'échec de son établissement dans l'archipel des Pescadores (Penghu), rejetée par l'Empire de Chine, la Compagnie prend pied à Taïwan pour tenter de tirer parti des échanges entre marchands chinois et japonais. Ses tentatives d'imposer les marchands japonais échoueront toutefois. En représailles, ces derniers encouragent les clans aborigènes avec lesquels ils commercent à organiser des expéditions contre les Hollandais.

L'édit de fermeture du Japon (*sakoku-rei*) pris par le Shogunat en 1635 met fin aux expéditions maritimes et au commerce autorisé dans l'île, et laisse les mains libres aux commerçants hollandais*. La colonisation hollandaise de Taïwan, mise en œuvre par la Compagnie néerlandaise des Indes orientales à partir de 1624, après que tout espoir d'implantation dans les Pescadores ou à Macao a été anéanti, se maintient jusqu'en 1661, quand l'île est conquise par Zheng Chenggong (Koxinga) qui, entré en rébellion contre la conquête mandchoue des Qing, y établit sa propre dynastie (de 1662 à 1683). Elle ne concernera qu'une portion très limitée du territoire, qui reste dominé par les populations austronésiennes.

L'implantation très progressive des migrants chinois

En arrivant à Formose, où il n'occupe comme les Hollandais qu'un territoire très réduit à la pointe sud-ouest de l'île, Koxinga trouve un espace où, encouragé par les Hollandais, le peuplement chinois, toujours minoritaire, a toutefois augmenté au XVIIe siècle. La Compagnie

* L'édit de 1635 pris par le shogun Tokugawa Iemitsu interdit sous peine de mort toute entrée et sortie du territoire, la pratique du catholicisme et impose de fortes restrictions commerciales. Les liens avec les Portugais sont rompus. Les échanges avec la Compagnie des Indes orientales sont limités à l'île artificielle de Dejima au large de Nagasaki. Les échanges avec la Chine se poursuivent par l'intermédiaire du royaume des Ryukyu (futur Okinawa) mais sont limités.

néerlandaise avait l'ambition de développer sur l'île des ressources plus pérennes que les échanges commerciaux avec le Japon et la Chine. La culture du sucre de canne et du riz, appuyée sur un mouvement de « co-colonisation » asymétrique hollando-fujianois, a été développée. Pour attirer les colons prêts à travailler la terre, la Compagnie met en place un système de permis de résidence : les colons chinois sont, dans un premier temps, exemptés de taxes, des terres leur sont attribuées, l'accès à des prêts leur est facilité. Le transport des migrants depuis les côtes du Fujian est assuré par des bâtiments hollandais ou sous protection hollandaise. Un système de « baux villageois » remis aux enchères chaque année attribue à quelques marchands chinois le droit exclusif de commerce dans chaque village aborigène. Surtout, les Hollandais maintiennent l'ordre en contrôlant les expéditions guerrières régulièrement menées par les clans locaux[2].

Dès les années 1630, la population chinoise, originaire du sud du Fujian, augmente progressivement pour atteindre 130 000 en 1684. Les mariages intercommunautaires avec des membres des tribus aborigènes ne sont pas rares. Cette population d'origine chinoise soutiendra l'arrivée de Koxinga, qui offre une alternative à l'autorité de la compagnie néerlandaise, évincée de l'île en 1661[3].

La dynastie mandchoue des Qing, installée sur le continent en 1644, prend le contrôle de Taïwan en 1683, après la bataille de Penghu (16 juillet 1683) qui met fin au Royaume de Tungning fondé sur l'île par Koxinga, mais l'empereur sera longtemps peu favorable à l'intégration de l'île aux frontières d'un Empire qui se pense avant tout terrestre : l'île est décrite comme « trop éloignée, au-delà des océans[4] ». L'amiral Shi Lang, qui a vaincu Koxinga au nom de l'empereur Qing, plaide en faveur de l'intégration pour des raisons de sécurité maritime, voulant éviter que Taïwan ne devienne une base d'action pour les pirates japonais ou des puissances étrangères[5]. L'île ne sera pas abandonnée, comme l'empereur semblait en avoir le projet, mais finalement intégrée à l'Empire, comme préfecture de la province du Fujian, en 1885*. Pendant deux siècles, la dynastie des Qing ne contrôle toutefois qu'une frange très limitée du territoire qui reste très largement dominé par les clans aborigènes[6].

Les migrations chinoises vers Taïwan sont par ailleurs fortement limitées. Le contrôle ne se relâchera qu'à la fin du XVIIIe siècle. En 1811, un recensement dénombre plus de 2 millions de chinois Han, originaires du sud du Fujian, et Hakka, de l'est du Guangdong[7].

Toutefois, Taïwan demeure en marge. Comme le déclarait l'empereur Mandchou des Qing, « Taïwan n'est pas plus gros qu'une poignée de boue, nous ne gagnerions rien en la possédant, et ne pas s'en emparer ne serait pas une perte[8] ». Cette perte devient réalité en 1895 avec le traité de Shimonoseki qui offre Taïwan au Japon vainqueur de la première guerre sino-japonaise (1894-1895). L'indifférence du pouvoir chinois à l'égard de Taïwan se poursuit après la chute de l'Empire. Ni Sun Yat-sen,

* Taïwan obtiendra le statut de province en 1887.

ni Chiang Kaï-shek, ni même Mao Zedong n'attacheront d'importance au sort de l'île avant la fin de la Seconde Guerre mondiale[9]. Jusqu'en 1943, le pouvoir nationaliste comme les dirigeants communistes n'incluaient pas Taïwan parmi les territoires que le Japon devait rendre à la Chine, mais assimilaient la situation de l'île à celle de la Corée, autre colonie japonaise en lutte pour sa libération[10].

Une colonie japonaise « modèle » ?

Mettant fin à la première guerre sino-japonaise, dont l'objet était le contrôle de l'Empire de Chine sur la Corée, le traité de Shimonoseki est signé le 17 avril 1895 après une conférence de la paix qui a duré plus d'un mois. Le traité prévoit des réparations considérables au titre de dommages de guerre, la neutralisation de la Corée et son indépendance, avec la fin du système tributaire qui liait la dernière dynastie Joseon (1392-1910) à l'Empire de Chine, l'ouverture de villes chinoises au commerce japonais ainsi que, en matière commerciale, l'octroi du statut de nation la plus favorisée. Ce traité place le Japon au même niveau que le Royaume-Uni, la France et la Russie, qui ont obtenu d'importantes concessions de l'empire Qing avec la signature des « traités inégaux » à partir de 1841. Enfin, le traité de Shimonoseki cède au Japon, en toute souveraineté, l'archipel des Pescadores (Penghu) et l'île de Taïwan. La péninsule du Liaodong, que le Japon avait également obtenue, sera abandonnée par Tokyo sous la pression des puissances occidentales inquiètes de l'émergence de l'Empire nippon, au premier rang desquelles la Russie qui convoite le même territoire.

L'objectif pour Tokyo, en neutralisant la Corée et en obtenant Taïwan et les Pescadores, était de se doter d'une zone d'influence et de colonies, suivant ainsi le modèle des autres grandes puissances du moment. Il s'agissait également, pour le Japon, de contrôler la mer de Chine dans le prolongement des Ryukyu récemment intégrées (1879) à l'Empire nippon sous le nom de Okinawa.

Les Japonais ne prendront le contrôle de l'île que plusieurs mois après la signature du traité avec l'empire Qing. En effet, alors que l'Empire joue l'apaisement pour obtenir du Japon qu'il abandonne ses prétentions sur la péninsule du Liaodong, bien plus importante, aux portes de Pékin, à Taïwan, un groupe de notables chinois, influencés par les idées républicaines, proclame une « Déclaration d'autonomie de la République de Formose » et instaure le 23 mai 1895 un État autonome qui rejette la colonisation japonaise. La constitution de cette république prévoit l'élection de conseillers et la dote d'un drapeau et d'une monnaie.

Le gouverneur mandchou de la province de Taïwan, Tang Ching-sung, est nommé président de la République et Ch'en Chi-t'ung, un fonctionnaire impérial qui a vécu en France, devient ministre des Affaires étrangères. La république toutefois n'est pas reconnue par les puissances occidentales, ni soutenue par la dynastie des Qing qui a entériné la colonisation de Taïwan. Elle est écrasée par les armées impériales nippones après quelques mois d'existence à la bataille de Baguashan, le 27 août 1895, et Taïwan, intégré à l'Empire nippon le 21 octobre de la même année[11]. En dépit de sa brièveté, c'est donc à Taïwan qu'un premier régime républicain a vu le jour en Asie.

Lorsque le Japon occupe l'île, à la fin du XIXe siècle, la population, estimée à 2 500 000 personnes, est désormais très largement chinoise : seuls 300 000 Aborigènes sont recensés. Signe du développement que l'île a connu pendant la période coloniale, et résultat de la baisse très significative du taux de mortalité, en 1941, on recense 6 millions d'habitants. Les Japonais ne représentent que 7 % du total, essentiellement dans la région de la capitale Taihoku (Taipei) ainsi que dans les préfectures de Takao et de Tainan. Dès les premières années de la colonisation, le taux d'infanticide des filles, qui reste très élevé en Chine, a diminué fortement, en partie en raison de leur intégration à la force de travail, suivant le modèle du Japon réformateur de Meiji (1868-1912). Les conditions de vie et le régime alimentaire s'améliorent : pour le Japon impérial, l'objectif était aussi, dans l'archipel comme dans ses colonies, de se doter d'une population en meilleure santé, destinée à l'armée[12]. Dans chaque ville et village, y compris dans les zones de montagne éloignées, des centres de santé sont mis en place[13].

Pendant toute la période de la colonisation, l'économie taïwanaise reste très majoritairement agricole, les deux premières exportations, destinées à un marché japonais accessible sans droits de douane, étant la canne à sucre et le riz. Une partie des terres de l'île, dont les droits de propriété n'auraient, d'après la puissance colonisatrice, pas été démontrés, ont été confisquées puis exploitées par de grands conglomérats japonais qui y développent l'agriculture industrielle de la canne à sucre. Mais au-delà de cette dimension d'exploitation coloniale, le Japon met en place des éléments qui – comme sur son propre territoire – contribueront au développement de l'île avant 1945, mais aussi après la Seconde Guerre mondiale et la reprise en main par la République de Chine.

Le processus de modernisation mis en place par le Japon, qui s'effectue dans le prolongement de celui de l'archipel lui-même, se traduit notamment par la construction d'infrastructures, une voie de chemin de fer qui dessert l'ensemble de l'île du nord au sud, un système routier plus développé et des ponts qui permettent de désenclaver les territoires[14]. En 1935, le réseau ferré de l'île est de 5 000 km, alors que pour la Chine entière il ne dépasse pas 15 000 km. Parallèlement, un système bancaire et financier moderne est créé, qui permet de financer notamment d'importants travaux d'irrigation. La production d'électricité de l'île est équivalente à celle de l'ensemble de la Chine. Tous les villages sont desservis par la poste et le télégraphe et 21 000 appareils téléphoniques sont installés[15]. En revanche, le développement industriel, amorcé dans la seconde moitié des années 1930, sera interrompu par la Seconde Guerre mondiale.

Du fait de cette stratégie de développement mise en place par l'empire nippon, si les inégalités sociales, notamment salariales, sont importantes, la croissance économique de Taïwan suit une courbe proche de celle de la métropole. La consommation individuelle s'accroît de 1 % par an en moyenne, un taux très supérieur à la situation qui régnait alors sur le continent.

La population japonaise à Taïwan est restée limitée, passant de 60 000 personnes en 1905 à 200 000 en 1927[16]. L'objectif du Japon était d'assimiler la population taïwanaise pour en faciliter l'intégration dans l'Empire et de faire de Taïwan une « colonie modèle » grâce à laquelle le Japon pouvait affirmer son rang de grande puissance, mais aussi offrir un contre-modèle aux colonisateurs occidentaux en Asie. C'est dans cet objectif que, contrairement à ce qui se passait dans les colonies occidentales, le Japon a progressivement mis en place ce qui – en théorie – devait être une égalité entre les « races ». Les mariages mixtes ont été autorisés, la discrimination chinoise et japonaise envers les Aborigènes, combattue avec l'interdiction du terme *seibanjin* (« sauvage ») au profit de *takasago zoku* (« minorités des hauteurs »). Toutes ces mesures ne se sont pas traduites dans la réalité, mais elles ont eu paradoxalement une influence sur l'émergence d'un sentiment d'unité nationale taïwanais, autour d'une langue commune, le japonais[17].

La politique d'assimilation, qui visait à faire des Taïwanais et des Japonais un même peuple, au même titre que les habitants d'Okinawa, officiellement intégrés à l'Empire nippon à la fin du XIXe siècle, a été mise en place dès 1919. Il s'agissait d'une approche très différente de celle mise en œuvre par les puissances coloniales en Asie ou en Afrique. Cette politique est renforcée sous le régime militariste autour du concept de *kokuminka* (nationalisation)[18]. L'accent est mis sur l'apprentissage du japonais, avec un système hiérarchisé d'écoles destinées aux Japonais installés sur l'île, aux Taïwanais d'origine chinoise et aux populations autochtones. En 1922, l'édit d'intégration et de traitement égal est censé ouvrir les écoles primaires « japonaises » aux élèves taïwanais maîtrisant la langue. Tokyo investit massivement dans l'éducation primaire et supérieure avec un montant évalué à 9 millions de dollars US annuellement jusqu'en 1937. Le nombre d'élèves atteint 500 000 annuellement, répartis dans un millier d'écoles, y compris dans les zones de population aborigènes[19].

En 1945, 70 % de la population taïwanaise parle japonais. Par ailleurs, en dépit de la hiérarchisation du système scolaire, l'accès à l'université impériale Taihoku (Taidai) fondée en 1920, au Higher Commercial College, destiné à former les employés des grandes entreprises japonaises envoyés à l'étranger, ou à l'enseignement supérieur au Japon, n'était pas fermé[20]. Une partie des élites taïwanaises, dont le premier président de la République élu au suffrage universel, Lee Teng-hui, ont été formées au Japon avant 1945[21]. Dans les années 1940, plusieurs milliers d'étudiants taïwanais, dont près d'un millier d'étudiantes, étaient recensés au Japon, où ils pouvaient se rendre sans passeport ni autorisation particulière[22].

La colonisation a également importé à Taïwan une culture politique, développée dans l'archipel nippon, qui a connu une période de relative libéralisation au cours des années 1920 et de la « démocratie Taisho » (1912-1926), avant que le militarisme n'impose son contrôle sur la vie démocratique[23]. Après une période initiale de contrôle très strict, Tokyo a progressivement accordé un certain nombre d'avancées politiques à sa colonie, sous la pression d'étudiants taïwanais militant en faveur d'un gouvernement local (*home rule*). L'objectif des incitateurs du mouvement comme Liu Hsien-t'ang était d'obtenir une forme d'égalité dans l'Empire. En 1921, un décret accorde à Taïwan le droit d'être soumis aux mêmes lois que le Japon. En 1922, un Conseil est mis en place auprès du gouverneur général, il est composé de 40 membres, dont 17 formosans. En 1935 enfin, des assemblées représentatives sont mises en place au niveau local (villes et villages), dont la moitié des membres sont élus au suffrage universel restreint*. L'expérience d'une pratique démocratique, même limitée, et l'émergence d'une société pluraliste sont ainsi arrivées à Taïwan par l'intermédiaire du colonisateur japonais qui représentait, pour nombre de nationalistes en Asie, dont Sun Yat-sen, premier président de la République de Chine, un modèle de modernité non occidental[24]. Le rôle des étudiants taïwanais au Japon entre 1915 et 1935 est à ce titre important. Ce sont eux qui, dès 1920, publient un journal en chinois, le *Shinminpo*, et fondent un mouvement qui prend le nom

* Seuls les hommes de plus de 25 ans, honorablement connus et dotés de revenus suffisants, pouvaient voter.

de *Taiwan Culture Society*. Ils invitent Sun Yat-sen à se rendre à Taïwan pour parler de la « nouvelle Chine », publient des articles consacrés à l'histoire, la culture, le folklore de Taïwan[25]. Culturellement, l'influence du Japon se fait également sentir dans les sciences sociales, mais aussi le cinéma, la musique populaire ou les modes de vie avec une forme d'émancipation des femmes dans les villes[26].

Aujourd'hui, c'est plutôt l'aspect « positif », idéalisé, de la période coloniale japonaise qui est mis en avant à Taïwan dans les milieux indépendantistes. À leurs yeux, le Japon a apporté dans l'île une forme de modernité matérielle et intellectuelle que la Chine ne connaissait pas. Surtout, aux yeux des Taïwanais de souche, son principal mérite est... de n'être pas chinois. Alors même que certains hommes politiques sont accusés par Pékin de mieux parler japonais que chinois (mandarin) – c'est en effet le cas de nombreux Taïwanais nés avant la Seconde Guerre mondiale et qui ont fait leurs études à Tokyo, dont l'ancien président Lee Teng-hui –, pour les dirigeants chinois, cet attachement à l'ancienne puissance colonisatrice constitue un véritable camouflet.

Reste que ce sont plus de 200 000 Taïwanais qui ont été enrôlés dans l'armée impériale nippone au cours de la Seconde Guerre mondiale, dont plus de 30 000 ont été tués, d'abord sur le continent à partir de 1937 et plus encore dans la guerre du Pacifique à partir de 1941[27]. Initialement recrutés dans des fonctions non combattantes, ils ont été intégrés comme soldats des « compagnies volontaires de Taïwan » à partir de 1942, puis dans le cadre de la conscription à partir de 1944. Les noms de plus de 25 000 de ces soldats taïwanais morts pour l'Empire sont aujourd'hui inscrits au sanctuaire de Yasukuni*. Suscitant la fureur de Pékin, en 2007, le président Lee Teng-hui, connu pour ses positions très favorables au Japon, s'est rendu lui-même au sanctuaire de Yasukuni pour rendre hommage à son frère aîné, mort au cours de la Seconde Guerre mondiale dans les rangs de l'armée impériale.

La colonisation japonaise à Taïwan n'a cependant pas été que positive, même si elle s'est d'une manière générale mieux passée qu'en Corée ou en Mandchourie, et si la répression a été bien moins sévère que celle qui a suivi la reprise en main par la République de Chine après 1945. Au cours des premières années de l'époque coloniale, le Japon a fait face à des mouvements de résistance. Des soulèvements armés ont suivi la chute de l'empire Qing en 1911. Plus de 2 000 personnes ont été arrêtées par le gouvernement général établi par l'Empire nippon et une centaine, exécutées. Cette période initiale de répression a toutefois été suivie par une volonté d'assimilation et de développement qui a connu un succès certain et les administrateurs civils ont succédé aux gouverneurs militaires.

En revanche, l'attitude du colonisateur japonais a été plus discriminante à l'égard des populations aborigènes qui pourtant, au XVIIe siècle, s'étaient souvent alliées aux

* Comme dans le cas de la Corée, des soldats taïwanais ont été condamnés comme criminels de guerre lors des procès qui ont eu lieu en Asie après 1945.

Japonais face à la Compagnie néerlandaise et à sa main-d'œuvre chinoise. Dans les années 1930, avec la montée du militarisme et la fin progressive de la démocratie Taisho, une succession de révoltes et de répressions démontre le ressentiment croissant de la population aborigène. Les terres coutumières sont réquisitionnées par la puissance colonisatrice. Le développement des infrastructures menace les habitats traditionnels qui n'ont jamais été réellement contrôlés par la dynastie Qing. Le droit de cuissage dans les villages suscite des réactions de grande hostilité. Le 27 octobre 1930, plusieurs centaines de combattants s'attaquent à la population japonaise, tuant 197 personnes. C'est la révolte de Musha. La répression fait plusieurs milliers de morts[28].

Le nombre de victimes chinoises et aborigènes du régime colonial est toutefois bien moins important que celui des victimes causées par la reprise en main de l'île par les autorités de la Chine continentales après 1945, nourrissant un sentiment anti-continental qui sera plus tard au cœur des mouvements d'opposition taïwanais[29].

Le retour de Taïwan à la République de Chine

Une « libération » brutale en 1945

La défaite du Japon puis la rétrocession de Taïwan à la République de Chine le 25 octobre 1945 et l'arrivée dans l'île des premiers administrateurs continentaux creuse un fossé identitaire entre les Taïwanais autochtones, « originaires de la province » (*benshengren*) terme qui désigne les Chinois arrivés depuis le XVIIe siècle et les « étrangers à la province » (*waishengren*), arrivés après 1945.

Le 10 août 1945, le Japon accepte la reddition sans condition, selon les termes de la déclaration de Potsdam. Prononcée le 15 août, une allocution de l'empereur met fin à une guerre qui avait commencé dès 1937 en Chine. La conférence du Caire du 1er décembre 1943, à laquelle la République de Chine participe aux côtés des États-Unis et de la Grande-Bretagne, confirmée par la déclaration de Potsdam du 26 juillet 1945, qui établit les conditions de la reddition du Japon, prévoit que l'ensemble des territoires occupés par le Japon soient rétrocédés, dont Taïwan et l'archipel des Pescadores (Penghu) à la République de Chine[30]. C'est cette déclaration qui fonde les prétentions des autorités continentales nationalistes puis communistes à gouverner Taïwan[31].

Après la signature de la reddition le 2 septembre, en présence d'un représentant de la République de Chine, le général Chen Yi est envoyé à Taïwan où il reçoit celle du gouverneur japonais de l'île le 25 octobre 1945. Chen Yi est nommé à la tête de la nouvelle administration de la province de Taïwan. Pour les indépendantistes taïwanais, cette « rétrocession » sera par la suite assimilée à une occupation militaire au nom des forces alliées, dont la République de Chine n'aurait été que le représentant, lui ôtant toute légitimité légale.

Les continentaux, soumis aux offensives japonaises depuis le début des années 1930, d'abord en Mandchourie, puis dans le reste de la Chine, considèrent les Taïwanais comme des traîtres qui ont combattu au côté du Japon. Après un sentiment initial qui n'était pas hostile à cette libération du joug colonial, l'absence de démocratie, la corruption, la répression de toute opposition – autant d'éléments caractéristiques du Kuomintang au pouvoir – ont rapidement terni l'enthousiasme initial des Taïwanais.

Face à des élites taïwanaises qui ne parlaient pas, ou mal, le mandarin, langue de l'administration chinoise, la communication a été très rapidement difficile*. Peng Ming-min, un des premiers leaders indépendantistes, écrira dans ses mémoires que la République de Chine était beaucoup plus « retardée » que Taïwan, modernisée et développée par l'administration japonaise[32]. Un écrivain taïwanais, Wang Pai-yüan, analyse dès 1946 : « S'emparer de Taïwan, d'une certaine manière, c'est comme s'emparer du Japon. Ça n'est pas facile pour une société sous-développée (la Chine) de s'emparer d'une société extrêmement développée[33]. » Avec la police militaire et la nouvelle administration, ce sont en partie les problèmes du continent, notamment de corruption, qui ont été importés sur l'île, nourrissant le mécontentement.

Le 27 février 1947, une première révolte contre les « continentaux » a lieu, qui ouvre l'épisode de la

* L'autre nom du « mandarin », langue des fonctionnaires, en chinois est le 國語 *guoyu* (langue nationale).

« Terreur blanche » et fera plus de 20 000 victimes parmi les Taïwanais à peine libérés de la colonisation japonaise. Des agents du Bureau du monopole des tabacs s'en étaient pris à une vendeuse illégale de cigarettes, déclenchant un mouvement populaire nourri des premières exactions commises contre la population locale. Face à la foule, les unités chargées du maintien de l'ordre tirent, faisant un mort. Le lendemain se produit ce qui sera connu sous le nom d'« Incident 228 » : une manifestation réunissant plusieurs milliers de personnes, d'abord devant le Bureau du monopole des tabacs, pour exiger la démission du directeur, puis devant le siège du gouvernement provincial. Là encore, la riposte des forces de l'ordre fait plusieurs victimes. La révolte se répand dans l'ensemble de l'île, dirigée contre les « continentaux ». Ces derniers avaient repris à leur compte les monopoles commerciaux sur le tabac, l'alcool et le camphre, mis en place par la puissance coloniale japonaise en 1901[34].

Le 7 mars, une commission composée de citoyens taïwanais remet un document au gouverneur Chen Yi, regroupant 32 demandes. Il s'agit de donner plus de pouvoir aux gouvernements locaux, de favoriser la démocratisation de Taïwan, d'accepter des Taïwanais dans les institutions locales, ce qui était paradoxalement le cas sous la colonisation japonaise, de garantir les libertés fondamentales de la presse, de parole et d'organisation mais aussi les droits des autochtones. Les demandes sont rejetées et la répression se renforce avec l'arrivée d'unités militaires venues du continent. La loi martiale est prononcée le 28 février 1947. La répression fera entre 18 000 et 28 000 morts selon les sources. L'objectif est bien de faire régner un climat de terreur destiné à écraser toute velléité d'autonomie dans l'île.

Cet épisode très violent et longtemps occulté fonde le ressentiment de la population de l'île et la construction d'une identité taïwanaise qui s'exprimera ouvertement à partir des années 1980. Plusieurs dirigeants nationalistes taïwanais, qui seront plus tard au pouvoir, ont été directement impliqués. C'est le cas de Lee Teng-hui, premier président de la République originaire de l'île. En 1995, il prononcera des excuses officielles, assumant la responsabilité du Kuomintang dans l'incident 228 et la terreur blanche. C'est une des différences majeures avec la République populaire de Chine (RPC), où tout débat historique est interdit. Sous Lee Teng-hui, le 28 février deviendra un jour de commémoration des victimes et un musée sera installé à Taipei.

Fuir le continent : l'installation du régime nationaliste à Taïwan

Pendant que la République de Chine prenait possession de l'île, la guerre civile s'enflammait sur le continent et les armées nationalistes cédaient rapidement du terrain aux forces communistes. Ces dernières accéléraient leur offensive depuis leur base de Mandchourie, soutenues par l'URSS. De leur côté, très hostiles aux élites du Kuomintang, et soucieux de rapatrier rapidement leurs forces, les États-Unis préféraient croire à une possibilité d'accord entre les forces nationalistes et le Parti communiste chinois, et se retirer. La loi martiale, qui suspend toute vie politique démocratique en interdisant les partis politiques, en dehors du Kuomintang, en supprimant les droits civiques tels que le droit d'association, de manifestation, ou de grève et en instaurant des tribunaux militaires pour juger toute opposition, est imposée sur le continent en 1948. Elle sera étendue à Taïwan le 19 mai 1949, quelques mois avant la prise de pouvoir par les communistes. Aux privations de liberté en vigueur sur le continent, s'ajoute, à Taïwan, l'interdiction de publier ou de s'exprimer publiquement en taïwanais (hokkien). La loi martiale ne sera levée qu'en 1987. Cette période, l'une des plus longues dans le monde, se traduira par une militarisation de la société et une répression très sévère de toute critique et de toute opposition.

L'objectif de la loi martiale à Taïwan est de lutter contre les « bandits communistes », (*gongfei* 共匪) selon la terminologie de l'époque, et les indépendantistes taïwanais. Plus de 14 000 personnes auraient été arrêtées, emprisonnées dans la colonie pénitentiaire de l'île verte (Lüdao) au large de Taitung, et plusieurs milliers exécutées pendant cette période[35]. La presse est sévèrement contrôlée par le Kuomintang au pouvoir et ses organes de sécurité. Un système de « parrainage » est mis en place pour garantir la loyauté des fonctionnaires et des employés des principales institutions et grandes entreprises. De nombreux incidents au cours des années 1960 et 1970 donneront lieu à plusieurs centaines d'arrestations. Mais si cette période de l'histoire de Taïwan est particulièrement douloureuse, et a nourri l'émergence d'un mouvement indépendantiste en opposition à la politique de répression du régime nationaliste, le nombre de victimes est sans comparaison au regard des dizaines de millions de morts dont le régime communiste est responsable dans le même temps en Chine.

Les fondements idéologiques autoritaires du KMT

Le Kuomintang (Parti national populaire, KMT) se définit par un double héritage, celui du léninisme dont il s'est inspiré, et celui, plus idéaliste, des « Trois Principes du peuple » (*sanminzhuyi* 三民主義) de Sun Yat-sen. Le contrôle politique quasi totalitaire imposé par le Kuomintang à Taïwan s'explique aussi par ces origines léninistes, frère ennemi du Parti communiste. Ce parti fortement hiérarchisé avait été conçu, comme le mouvement bolchevique, pour conquérir et conserver le pouvoir.

Sun Yat-sen, son fondateur en 1912, premier président de la République de Chine après l'effondrement de l'Empire mandchou le 10 octobre de l'année précédente, a été profondément marqué par l'échec de cette première république, désorganisée et sans puissance militaire. Très vite, la Chine a sombré dans de multiples divisions entre seigneurs de la guerre et concessions contrôlées par les puissances occidentales et le Japon[36].

De ces échecs, et des faiblesses de l'Empire mandchou, Sun Yat-sen tire la conclusion que la priorité doit être de favoriser l'émergence en Chine d'un sentiment national jusqu'alors inexistant, pour reconstruire le pays et lui rendre sa puissance passée*. Alors que la Chine sombre dans le chaos, les puissances occidentales continuent de reconnaître le gouvernement de Pékin quand Sun Yat-sen établit son propre gouvernement à Nankin, au sud du pays. Pire, au traité de Versailles, la Chine, qui fait partie des puissances alliées, voit la province du Shandong, sous concession allemande, remise au Japon, autre allié asiatique contre l'Allemagne.

Cette trahison des démocraties occidentales et du Japon pousse Sun Yat-sen à se tourner vers d'autres partenaires pour construire son armée et imposer l'autorité de son gouvernement. C'est l'URSS à peine fondée qui lui offre une alternative nouvelle. Sun Yat-sen admire la manière dont les bolcheviques se sont emparés du pouvoir et le conservent. En 1921, il rencontre Henk Sneevliet (Maring), le représentant du Komintern pour la Chine, à l'origine de la création du Parti communiste chinois le 1er juillet 1921, et prend contact avec les autorités soviétiques. En 1923, Sun Yat-sen et Adolphe Joffe, ambassadeur extraordinaire de l'URSS en Chine, signent une déclaration conjointe. Joffe promet le soutien de Moscou à la volonté chinoise de réunification du territoire et d'indépendance totale des puissances étrangères[37].

* Ce rêve de retour à la puissance de la Chine n'a pas évolué, il demeure celui de Xi Jinping, ancré dans le passé.

Chiang Kaï-shek, dauphin de Sun Yat-sen et son futur successeur à la tête du Kuomintang, est envoyé en URSS. Chiang rejette le principe du communisme pour la Chine, mais est impressionné par les résultats obtenus en matière de développement des capacités militaires, d'organisation politique et d'éducation ; des éléments qui seront intégrés à sa politique de contrôle autoritaire mise en place sur le continent puis à Taïwan. La même année, Mikhaïl Borodin est envoyé auprès de Sun Yat-sen comme conseiller soviétique. Il réorganise le Kuomintang sur le modèle du parti bolchevique en mettant l'accent sur la discipline et les organisations de masse. L'académie militaire de Whampoa est également créée pour doter le Kuomintang d'une armée capable d'unifier le pays avec Chiang Kaï-shek à sa tête*.

À la mort de Sun Yat-sen en 1925, c'est Chiang Kaï-shek qui lui succède avec le titre de Generalissimo (*Da jiangjun* 大將軍). Il rompt avec les communistes et les conseillers soviétiques pour se tourner vers l'Allemagne puis les États-Unis. Mais les principes léninistes du « centralisme démocratique » restent ancrés dans l'organisation du Kuomintang. Ainsi, après la déroute du gouvernement nationaliste en Chine et son installation à Taïwan en 1949, Chiang Ching-kuo, le fils de Chiang Kaï-shek qui occupe une place croissante dans l'organigramme du pouvoir, organise la transformation

* Zhou Enlai, futur Premier ministre et ministre des Affaires étrangères de la République populaire de Chine en est le commissaire politique.

du Kuomintang à Taïwan en un parti très centralisé, inspiré du système soviétique, qui prendra le contrôle de l'île en imposant son autorité sur la vie politique comme sur la vie économique*.

À cet héritage léniniste s'ajoute celui, antérieur, des « Trois principes du peuple » (*sanminzhuyi*) et du concept de « tutelle politique ». Les « Trois Principes du peuple » – la nation (*minzu* 民族), le pouvoir de gouvernement (*minquan* 民權) et le bien-être du peuple (*minsheng* 民生) –, qui sont toujours inscrits dans la constitution de Taïwan, ont été formulés par Sun Yat-sen dans un discours prononcé à Bruxelles en 1905. Ils sont complétés par une réflexion sur l'autorité dans une Chine considérée par Sun Yat-sen comme politiquement « immature ». À la conquête du pouvoir par la force doit succéder une période de « tutelle politique », avant l'instauration d'une véritable démocratie. En 1931, après l'unification partielle du territoire et la création d'un nouveau gouvernement, la nouvelle constitution de la République de Chine adopte donc le principe de « tutelle politique » qui impose la dictature de fait du Kuomintang**. Ces deux héritages sont à la source de l'autorité absolue du Kuomintang imposée dans l'île après 1949 et pendant toute la période de la loi martiale.

---

* Formé en URSS, puis accusé de trotskysme, il y sera retenu par Staline de 1925 à 1937.

** La constitution de 1931 n'intègre pas Taïwan, alors colonie japonaise, dans le territoire de la nation chinoise constituée « des provinces chinoises, du Tibet et de la Mongolie ».

1949 : la prise en main de l'île par les continentaux

Au mois de décembre 1949, alors que tout espoir de victoire dans la guerre civile est perdu et que Mao Zedong a déjà déclaré la fondation de la République populaire de Chine à Pékin, Chiang Kaï-shek finalise la relocalisation de la « République de Chine à Taïwan ». Il sera nommé président de la République, titre qu'il avait brièvement abandonné, le 1er mars 1950. Plus de 2 millions de fonctionnaires, officiers, militaires et partisans du Kuomintang ont choisi de se réfugier sur l'île de Taïwan où l'exode a été préparé depuis plusieurs mois.

Alors que la RPC ne dispose pas de marine, Chiang Kaï-shek ayant évacué les 26 bâtiments de la flotte chinoise vers Taïwan, et que 150 km séparent l'île du continent, Taïwan apparaît aux nationalistes comme le refuge le plus sûr. Par ailleurs, l'île est dotée d'un système de défense construit par les Japonais pendant la Seconde Guerre mondiale qui permet de résister à une éventuelle invasion chinoise. Dans l'esprit de Chiang, l'île pourra servir de base de reconquête du continent, son seul objectif.

L'arrivée des continentaux à Taïwan s'est traduite par une mainmise de ces derniers sur les structures de pouvoir politique et économique de l'île. Pour beaucoup de Taïwanais, la « libération » de Taïwan a débouché sur une nouvelle forme de contrôle néocolonial et d'oppression.

Dans ce contexte, et ce sera une source majeure de contentieux avec les élites taïwanaises, les fonctionnaires sont choisis parmi les continentaux arrivés après 1945. Une connaissance suffisante du mandarin, langue officielle sur le continent, que peu de Taïwanais maîtrisent, est rendue obligatoire pour tous les postes de fonctionnaires ou d'administrateurs dans les grandes entreprises. Pour les mouvements indépendantistes ou autonomistes taïwanais, c'est une discrimination quasi ethnique qui est mise en place.

Pendant toute la période dite de la « République de Chine à Taïwan », la fiction de la légitimité de l'Assemblée nationale élue en Chine en 1948 à la suite de l'adoption d'une nouvelle constitution en 1947 est maintenue. Les députés sont reconduits sans nouvelles élections et l'Assemblée nomme sans discontinuer Chiang Kaï-shek président de la République jusqu'en 1972. C'est également cette assemblée qui entérine le choix de son fils Chiang Ching-kuo comme successeur officiel.

La même prise de contrôle et – dans un premier temps – le même évincement des Taïwanais se produit dans le secteur économique. En 1945, le gouverneur Chen Yi met en place deux commissions chargées de prendre possession des entreprises japonaises et de gérer les biens privés détenus par des Japonais. Une économie étatisée, autre témoin de l'héritage léniniste du Kuomintang, est mise en place. 860 entreprises japonaises sont confisquées, lésant les investisseurs taïwanais de ces entreprises, et près de 400 sont nationalisées, administrées par des continentaux.

Les monopoles mis en place par le colonisateur japonais sont maintenus et transférés aux continentaux qui disposent de capitaux et sont liés au Kuomintang. Les Taïwanais de souche resteront, jusqu'aux années 1960 et à la libéralisation de l'économie, cantonnés au secteur des petites et moyennes entreprises, sous la tutelle d'un Kuomintang qui, comme le Parti communiste en Chine, détient tous les pouvoirs d'autorisation*.

Un contrôle du commerce extérieur est également mis en place. Appliquant les « dispositions provisoires » de la loi martiale, destinées, entre autres à éviter les tensions économiques et financières, et pour lutter contre l'hyper-inflation, la banque centrale installée à Taïwan impose une nouvelle monnaie, le nouveau dollar de Taïwan[38].

Dans le même temps, le Kuomintang met en œuvre une réforme agraire qu'il n'a jamais pu imposer sur le continent, une des causes de la misère paysanne en Chine. À Taïwan, les revenus de l'agriculture industrielle exportatrice (canne à sucre, riz et fruits) permettent l'industrialisation de la « province » qui devient rapidement, grâce aux capitaux américains et à la technologie japonaise, l'un des dragons de l'économie asiatique.

---

* Le système hybride de « capitalisme autoritaire » de l'État-parti servira de modèle aux réformateurs du Parti communiste chinois qui voulaient développer la RPC sans abandonner le contrôle politique. Ce sont également les capitaux taïwanais qui feront le succès des réformes chinoises à partir des années 1970.

Culturellement et idéologiquement, dès son arrivée dans l'île, le Kuomintang promeut l'utilisation du mandarin ou « langue nationale ». L'objectif du Kuomintang est d'assimiler une population qui, n'ayant que très brièvement fait partie de l'empire Qing, s'est construit une identité mixte, où la dimension japonaise est encore très présente, et où la dimension chinoise se rattache par ailleurs aux cultures spécifiques du sud de la Chine. L'objectif est donc d'accélérer une « sinisation » autoritaire en éradiquant toute « pensée esclave », selon la terminologie utilisée[39]. Le général Chen Yi, gouverneur de l'île, déplore que « ceux qui ont moins de 50 ans n'aient eu aucune chance d'étudier la culture chinoise et les “Trois Principes du peuple”[40] » et que les Taïwanais n'aient « aucune idée de la patrie » dont ils se sont éloignés. En 1946, un Comité pour la promotion de la langue nationale (*guoyu*) est mis en place, mais il est difficile de trouver suffisamment de professeurs parlant le mandarin, même parmi ceux qui viennent du continent. Cette volonté de sinisation forcée rencontre une forte opposition de la part des intellectuels taïwanais qui considèrent que leur culture, souvent exprimée à l'écrit par le truchement du japonais, est niée[41].

Après 1947, la répression brise un peu plus les liens entre « Taïwanais » et « continentaux ». C'est au Japon que des indépendantistes taïwanais trouvent refuge. En 1956, un gouvernement provisoire de la République de Taïwan est même établi dans l'archipel. Ainsi, quasiment dès l'arrivée des continentaux sur l'île, le mouvement indépendantiste s'est organisé et développé, se nourrissant de la politique répressive du Kuomintang.

La loi martiale permet au nouveau régime d'interdire toute expression politique autonome, dénoncée comme « agent des communistes » ou favorable à l'indépendance. Régulièrement, des opposants au régime disparaissent ou partent pour l'étranger afin d'échapper aux arrestations. Cette répression concerne également la culture avec l'interdiction de la musique populaire, du théâtre ou des films en taïwanais. Jusqu'à la fin des années 1970, des chanteurs de musique folk se produisaient dans des lieux semi-clandestins, comme le café Dats'aojen (L'Épouvantail) près de l'université de Taipei. Plus anecdotique, la loi martiale interdisait également tout plaisir profane comme les jeux d'argent, dont le très populaire mah-jong et les boîtes de nuit.

Le Kuomintang exerce également un contrôle très strict sur le système éducatif, qu'il contribue toutefois à développer en ouvrant largement l'enseignement secondaire et supérieur à l'ensemble de la population taïwanaise. Pendant la période de dictature, le contenu idéologique, visant également à « siniser » la population locale, est très puissant. L'apprentissage des « Trois Principes du peuple » constitue le cœur de cet enseignement idéologique. En sciences humaines, le cursus met l'accent quasi exclusivement sur l'histoire et la géographie de la Chine et non sur l'histoire de l'île. Pour tous, le seul horizon, c'est le retour vers le continent.

Mao et Chiang, même combat

Après 1949, Taipei et Pékin partagent donc la même vision : il n'y a qu'une seule Chine, et l'objectif est la réunification. Réunification par la reconquête pour Chiang Kaï-shek, par la conquête puis la « séduction » sans abandonner le recours à la force pour Mao Zedong et ses successeurs.

Du côté chinois

Institutionnellement, pour Pékin, les choses sont indiscutables. La République populaire de Chine (RPC) est depuis 1949 l'État successeur de la ROC, et le seul gouvernement légitime pour toute la Chine. Son territoire comprend donc l'île de Taïwan et les archipels annexes, Penghu (Pescadores), Matsu, Kinmen ainsi que les îles Pratas (Dongsha) situées en mer de Chine méridionale. L'île est officiellement une province de la RPC et, à l'Assemblée populaire nationale à Pékin, 13 délégués d'origine taïwanaise installés en Chine sont censés représenter l'île.

L'appartenance de Taïwan à la Chine, et l'adhésion au principe d'une seule Chine sont systématiquement rappelées dans les documents diplomatiques signés par Pékin, il s'agit d'une condition *sine qua non* à l'établissement de relations diplomatiques avec l'ensemble des partenaires de Pékin.

Symboliquement, pour le régime chinois, Taïwan est un héritage non résolu de la guerre civile qui a opposé la rébellion communiste aux gouvernements nationalistes de la République de Chine de 1945 à 1949. En 1949, la bataille de Kinmen, qui s'est soldée par une défaite, a mis un terme à l'avancée des forces communistes dans le détroit de Taïwan.

La politique taïwanaise de Pékin est l'affaire du Parti communiste (PCC). Elle est définie par le Groupe de travail dirigeant sur Taïwan du Comité central du Parti communiste chinois (*zhongyang duitai gongzuo lingdao xiaozu* 中央对台工作领导小组), dirigé par le secrétaire général du PCC, aujourd'hui Xi Jinping. Des représentants des plus hautes instances du Parti, de la Commission militaire centrale, des institutions étatiques, mais aussi du ministère du Commerce, du département du Travail de front uni et de celui de la Propagande y siègent, réunissant ainsi tous les éléments de l'action extérieure contrôlés par le Parti communiste, de l'armée à la propagande en passant par les échanges.

Au sein du conseil d'État, le bureau des affaires de Taïwan, établi en 1955, met en œuvre les décisions du parti concernant Taïwan. Au sein du ministère des Affaires étrangères, c'est le département pour les affaires de Hong Kong, Macao et Taïwan qui gère les échanges et les positions diplomatiques concernant Taïwan. Enfin, créée en 1991, l'Association pour les relations entre les deux rives du détroit de Taïwan (ARATS)*

* *Haixialianganguanxixiehui* 海峡两岸关系协会.

est le bras non gouvernemental qui gère les relations entre les deux rives. L'ensemble de ces institutions est totalement soumis aux décisions du Parti concernant les relations avec Taïwan, plus ou moins apaisées selon les priorités définies par le Parti communiste et son dirigeant[42].

Du côté taïwanais

À Taïwan, jusqu'à la mort de Chiang Kaï-shek, la même posture est préservée quant à l'unicité de la Chine. Persuadé de reprendre rapidement possession du continent, de 1961 à 1972 il a mis en place, au sein des forces armées et du ministère de la Défense, un « Bureau de la gloire nationale » (*guoguangbu* 國光部) chargé de planifier la reconquête du continent. Des moyens importants sont accordés à ce projet. Dans les années 1960, plusieurs escarmouches ont lieu au large des côtes chinoises qui se soldent par des échecs pour les troupes du Kuomintang non soutenues par les États-Unis. Le Bureau de la gloire nationale est dissous en 1972, trois ans avant la mort de Chiang Kaï-shek.

Paradoxalement, on assiste en Chine aujourd'hui à une réhabilitation de Chiang Kaï-shek, qui avait le mérite, aux yeux du pouvoir chinois, de partager cette même conception de la Chine unique. Lors de la parade militaire célébrant le 70e anniversaire de la fin de la Seconde Guerre mondiale en 2015, des vétérans de l'armée nationaliste sont invités à y assister place Tiananmen. Oubliant opportunément la guerre civile, et le mépris longtemps professé pour les troupes nationalistes, c'est la communauté d'appartenance à la Chine qui est exploitée par Pékin.

Après la disparition de Chiang, le Kuomintang conserve une position favorable – en principe – à une réunification avec la Chine, mais lorsque les conditions seront réunies. Le « communiqué de 1992 », simple déclaration non écrite – et contestée – entre représentants de la RPC et de la république de Chine (Taïwan) pour permettre des négociations pratiques entre les deux rives du détroit, est censé refléter cette communauté de position : la RPC, comme Taïwan, y reconnaissent qu'il n'y a qu'une seule Chine. Mais pour Pékin, il est incontestable que cette Chine est la République populaire de Chine, ce qui n'est pas la position du Kuomintang.

La Chine comme le Kuomintang partagent toutefois une même vision de l'unicité du pays qui ne correspond pas à l'histoire de Taïwan.

Les identités multiples de Taïwan

En dépit de cette volonté de sinisation imposée dès 1945, Taïwan conserve une identité particulière, faite d'apports multiples qui coexistent : ceux de la population chinoise qui s'est installée sur l'île du XVIIe à la fin du XIXe siècle, même si, avec la montée en puissance des indépendantistes, la dimension chinoise est parfois niée ; mais aussi ceux de la population d'origine austronésienne. Un important brassage a eu lieu entre les deux, même si cette mixité a longtemps été niée par la partie chinoise[43].

Plus de 95 % des habitants de Taïwan aujourd'hui sont d'origine chinoise Han. Les Hokkien, historiquement originaires du sud de la province du Fujian, en constituent la très large majorité, à plus de 70 %, suivis par les Hakka (12 %). La population d'origine austronésienne (*yuanzhu minzu* 原住民族), composée de seize groupes officiellement reconnus, ne représente plus que 2,3 % de la population totale après des siècles d'assimilation et d'intermariages. Cette composante est toutefois loin d'avoir symboliquement disparu et les militants les plus radicaux de la cause indépendantiste la mettent en avant comme signe distinctif d'une identité taïwanaise qui défend la diversité, et contraste avec la volonté de domination et d'assimilation du nationalisme « grand Han » sur le continent comme sur l'île[44]. Tous les candidats aux élections à Taïwan doivent aujourd'hui s'exprimer en chinois mandarin et en taïwanais (hokkien). L'usage du hakka et des langues austronésiennes est également encouragé[45].

Culturellement, les écoles philosophiques et les pratiques religieuses sont bien originaires du monde chinois. Toutefois, là encore, tout particulièrement en matière de religion, c'est l'influence du sud de la Chine, que l'on retrouve également dans l'ensemble de l'Asie du Sud-Est, qui s'impose. Le bouddhisme et le taoïsme sont très présents, dans une sorte de syncrétisme qui mêle les deux panthéons. 48 % des Taïwanais se déclarent « taoïstes » et 21 %, « bouddhistes ». Le taoïsme est très lié aux cultes populaires, que l'on retrouve dans l'ensemble de la Chine, mais qui prennent des formes différentes selon les régions. À Taïwan, le culte de Matsu (ou Tian Hou), déesse de la Mer, protectrice des marins, que l'on retrouve au sud du Fujian, à Hainan, à Hong Kong et dans les communautés chinoises qui ont essaimé en Asie du Sud-Est, est très actif.

Le confucianisme, lui, est lié à la pratique du pouvoir. Au cours de la période de dictature du Kuomintang, qui s'appuyait sur des valeurs d'autorité et de contrôle social héritées de la Chine impériale, et sur un confucianisme autoritaire revisité, des cérémonies officielles, à grand renfort de figurants, étaient organisées à l'occasion de l'anniversaire (supposé) de Confucius. C'est cette dimension de contrôle social qui sera d'ailleurs reprise par la République populaire de Chine avec, entre autres, le financement de plus de 500 instituts Confucius dans le monde[46].

Dans les nombreux temples dédiés à Confucius à Taïwan, c'est le modèle du lettré qui est vénéré, et la réussite aux examens qui est recherchée. Dans la seconde moitié du XIXe siècle, avant la colonisation japonaise, et bien que l'autorité réelle de l'Empire soit très limitée, le nombre de Taïwanais autorisés à passer les examens impériaux avait progressivement augmenté, pour atteindre 7 000 à la fin de cette période. Cette évolution témoignait de l'expansion du modèle impérial de sélection des fonctionnaires, fondé sur la maîtrise des « classiques » du canon confucéen, mais il est demeuré très peu répandu au regard de la population totale de l'île. Parmi les apports étrangers, il faut également mentionner le shintoïsme que le Japon a tenté d'imposer avec un succès limité, en imposant que chaque foyer installe un autel des esprits (*kamidana*), pour unifier l'Empire. On peut noter toutefois que le Grand Hôtel de Taipei, longtemps symbole du pouvoir du Kuomintang, érigé sur une colline dominant la capitale, occupe la place du sanctuaire impérial Shinto construit par le colonisateur en 1901[47].

Cette référence au shintoïsme pose également la question de l'héritage culturel japonais à Taïwan et de l'influence très présente d'un modèle japonais de *soft power* qui s'exprime avec force depuis la démocratisation du régime. Cet héritage japonais, que l'on retrouve dans l'architecture des bâtiments officiels préservés, comme la présidence de la République, et ses matériaux traditionnels de briques rouges et de pierres, dans quelques quartiers de maisons traditionnelles en bois intégrés à l'héritage de l'île au nom de la diversité culturelle, mais aussi dans la coutume de se déchausser, ou dans certaines habitudes alimentaires, a également nourri l'intérêt pour le design contemporain. Dans les années 1920-1930, le Japon avait en effet servi de vecteur à la diffusion de modèles de création en arts plastiques inspirés des courants occidentaux les plus modernistes. Dès le début des années 1910, des cours de dessin et de graphisme étaient introduits dans le programme des écoles taïwanaises, qui n'existaient pas sur le continent.

En retour, le Japon s'inspirait aussi d'une production d'art populaire taïwanais intégré aux réflexions sur les « arts populaires » (*mingei* 民芸) proche du mouvement

Arts and Craft au Royaume-Uni. En 1927, une exposition à Tokyo mettait en évidence la créativité des artistes et plasticiens taïwanais. Depuis la démocratisation, et la fin de la domination d'un Kuomintang qui insistait au contraire quasi exclusivement sur l'influence de la culture chinoise classique, le Taïwan Design Center organise aujourd'hui de nombreuses collaborations avec des designers japonais. Dans ce domaine, comme dans celui de la mode, les références au Japon, modèle de créativité contemporaine non occidental, sont omniprésentes, comme pour mieux retrouver les spécificités de l'île contre les références exclusives à la culture chinoise.

Rééquilibrage démographique entre continentaux et taïwanais

À un autre niveau, les évolutions démographiques renforcent aussi la spécificité de la société taïwanaise et l'éloignent du continent. Le terme « continentaux », opposé à « originaires de la province », désigne les habitants arrivés du continent après 1945. Au début des années 1950, les continentaux représentaient 25 % d'une population de près de 8 millions d'habitants*. Mais ce chiffre est allé en se réduisant. En 2021, la proportion des continentaux et de leurs descendants ne représente plus que 14 % de la population totale

* La population était de près de 6 millions d'habitants en 1945. La migration originaire du continent entre 1945 et 1950 est estimée à 2,2 millions d'habitants.

de l'île. Par ailleurs, on assiste à un phénomène de convergence entre « continentaux » et « originaires de l'île ». Dans les années 1980, la reprise des contacts avec le continent n'a pas toujours renforcé le sentiment d'appartenance à la Chine des Taïwanais originaires du continent. La découverte de l'état de misère dans lequel avait été plongée la République populaire de Chine, la disparition de la culture traditionnelle éradiquée pendant la Révolution culturelle et plus encore peut-être les attentes financières constantes de familles restées sur place ont créé des désillusions et un sentiment de « différence » favorables au sentiment d'appartenance à Taïwan[48]. Cette convergence se traduit aussi dans les sondages. Ceux qui se sentent uniquement « chinois » sont en diminution constante. En 1994, 26 % des résidents de Taïwan s'identifiaient comme « chinois » ; ils ne sont plus que 5 % en 2020. Dans le même temps, la proportion de ceux qui se définissent comme « taïwanais » est passée de 20 % à 77 % en 2020. 17 % de la population se revendique la fois chinoise et taïwanaise[49].

Plus grave encore pour Pékin, la proportion des Taïwanais qui souhaitent une « réunification » avec le continent, et plus encore une réunification rapide, celle que souhaite le président Xi Jinping, est en chute libre. En 2021, la proportion de Taïwanais favorable à la réunification était de 7,4 % (1,5 % pour une réunification immédiate). Le pourcentage favorable à l'indépendance était de 34,1 % (6,6 % pour une indépendance immédiate), le reste des sondés (55,7 %) étant favorable au *statu quo*[50].

Toutefois, si le pragmatisme l'emporte, dans une volonté de ne pas causer de crise dangereuse avec Pékin, la dimension « repoussoir » du régime chinois est particulièrement forte dans une démocratie pleinement mature et c'est là sans doute que réside le principal échec de la République populaire de Chine, défiée, dans sa propre aire culturelle, par le modèle démocratique taïwanais.

Chapitre 3

La marche vers la démocratie

Après la Terreur blanche, Taïwan est passé du statut de régime autoritaire sous loi martiale, sans liberté politique, soumis à une répression sévère écrasant toute expression de la culture locale, à celui de démocratie dotée d'institutions solides. Cette évolution pacifique ne s'est pas produite en Chine, où le Parti communiste choisit l'immobilisme et la répression par peur de perdre le pouvoir. Ce processus réussi de démocratisation dans l'île constitue face au régime chinois une spécificité irréductible et éloigne un peu plus chaque année les perspectives d'unification.

Une transition politique modèle

Amorcé à la fin des années 1970, le processus de transition politique graduel et non violent que Taïwan a connu aboutit à la constitution d'une démocratie dotée d'institutions solides, où l'alternance politique est possible et les libertés fondamentales garanties, contrairement à la situation chinoise. Parfois chaotique, le fonctionnement démocratique de Taïwan, très largement soutenu par la population, est ce qui fait sa force face à une Chine qui tente de museler la moindre expression d'opposition.

Le rôle de Chiang Ching-kuo dans le processus de démocratisation

Chiang Ching-kuo, le fils de Chiang Kaï-shek, est l'artisan de la démocratisation des institutions politiques taïwanaises. Chargé de la police secrète et de la sécurité intérieure, responsable de la Terreur blanche, il était également conscient des risques que posait l'absence d'ouverture pour la survie du Kuomintang. Chiang Ching-kuo aurait déclaré au responsable de la CIA à Taïwan dans les années 1960 : « Taïwan est le seul futur que le Kuomintang puisse avoir. Nous devons accepter une ouverture graduelle du système politique, y compris une taïwanisation[1]. »

Né en 1910, Chiang Ching-kuo, dont la femme était russe, a vécu en URSS pendant près de dix ans, de 1925 à 1937, retenu par Staline dans des conditions difficiles. Après 1937, il prend une importance croissante auprès de son père dans l'administration et le contrôle du Kuomintang et de la ROC. Une fois installé à Taïwan après la défaite face aux communistes sur le continent, il mène dans un premier temps une politique de répression dure, y compris contre la corruption des élites venues du continent. Son père le nomme vice-Premier ministre en 1969, puis Premier ministre en 1972. C'est à cette période que Chiang Ching-kuo lance une politique d'ouverture économique très progressive.

Un des facteurs de cette évolution a été le retournement de la position américaine à l'égard de Taïwan. En 1971, souhaitant renouer avec la Chine communiste dans le contexte de la guerre du Vietnam et du conflit sino-soviétique, les États-Unis lèvent leur veto à la représentation de la République populaire de Chine à l'ONU et au Conseil de sécurité. Dans la foulée, Taïwan se retire, refusant le principe d'une double représentation de la Chine.

À partir de la fin des années 1960, l'objectif de Chiang Ching-kuo, avec le soutien tacite de son père, est d'ouvrir progressivement le Kuomintang aux élites taïwanaises qui en étaient exclues. Devenu Premier ministre, il double le nombre de Taïwanais au sein de son cabinet. En moins de deux ans, dès 1969, 33 % des postes sont occupés par des Taïwanais de souche[2]. Avant même la mort de Chiang Kai-shek, le 5 avril 1975, Chiang Ching-kuo, qui remplace son père à la tête du Kuomintang puis devient président de la République, après trois années de deuil, en 1978, soutient l'émergence d'une opposition taïwanaise pragmatique, éloignée des mouvements indépendantistes les plus radicaux. Il poursuit cette politique jusqu'à sa mort en 1988.

Le choix de Henry Kao, opposant au Kuomintang et taïwanais de souche pour se présenter aux élections de la mairie de Taipei en 1969, et son élection marquent un tournant important dans cette stratégie progressive d'ouverture. De même, l'élection de deux candidats demandant la fin de la loi martiale et non membres du Kuomintang – seul parti politique autorisé – à l'assemblée législative de Taïwan au mois de décembre 1969 a signé l'entrée « officielle » des « sans-parti » dans la vie politique de l'île. En 1987, un an avant sa mort, Chiang Ching-kuo lève la loi martiale instaurée en 1948.

Les à-coups de la marche vers la démocratie

Dans un premier temps, ce processus de démocratisation connaît des périodes de recul et de répression, des mouvements de protestation se multiplient. Ces mouvements s'appuient sur la défense de la spécificité culturelle de la population taïwanaise non « continentale ».

En 1979, une manifestation, lancée à Kaohsiung par les responsables de la revue pro-indépendantiste *Formosa*, est interdite et durement réprimée, avec plus de 152 arrestations. La peine de mort est prononcée contre huit responsables accusés d'être des instruments du Parti communiste. Les condamnations ne sont toutefois pas exécutées et la défense des condamnés offre une tribune à Ch'en Shui-pien, qui deviendra vingt ans plus tard le premier président de la République indépendantiste de 2000 à 2008. La répression ne cesse pas totalement, mais Chiang Ching-kuo poursuit le mouvement de cooptation et de soutien d'un personnel politique originaire de l'île moins radical, au sein d'un Kuomintang de plus en plus « taïwanisé »[3].

Le mouvement d'opposition des « hors parti » (*dang wai* 黨外) s'appuie sur le concept d'une identité taïwanaise à la fois culturelle et politique spécifique, contre la domination des continentaux et du Kuomintang. Dans un premier temps, des élections sont autorisées, pour remplacer les sièges du *yuan* législatif (assemblée nationale) détenus par les représentants élus en Chine continentale en 1947 et décédés depuis, auxquelles les représentants taïwanais « hors parti » ont le droit d'être élus. Mais c'est à l'Assemblée provinciale de Taïwan que 21 candidats « hors parti » sont élus dès 1977. Pour les indépendantistes, cette assemblée, qui ne prétend pas représenter toute la Chine, est plus légitime[4].

Issu de ces mouvements, le Democratic Progressive Party (DPP 民進黨民進黨) est créé en 1986, un an avant la levée officielle de la loi martiale qui, depuis 1948, interdisait tous les partis politiques autres que le Kuomintang. Autre évolution, à partir de 1987, un an avant la mort de Chiang Ching-kuo, des contacts indirects* sont autorisés avec le continent, facilitant les retrouvailles familiales.

LEE TENG-HUI : L'ALTERNANCE RÉUSSIE

L'homme qui met véritablement en œuvre le processus de démocratisation amorcé par Chiang Ching-kuo

* À l'époque, les Taïwanais ne peuvent pas se rendre directement sur le continent, ils doivent passer par un pays tiers.

est Lee Teng-hui (1923-2020), président du Kuomintang et premier président de la République originaire de l'île, de 1988 à 2000. Lee Teng-hui fait partie de ces élites taïwanaises cooptées par le Kuomintang. Après des études à l'université de Kyoto à l'époque coloniale, puis aux États-Unis, il a la charge de la politique agricole, un des succès du Kuomintang dans l'île. En 1978, après la mort de Chiang Kaï-shek, il est élu maire de Taipei, puis gouverneur de Taïwan et vice-président de la République, assumant la présidence à la mort de Chiang Ching-kuo en 1988, puis confirmé par l'Assemblée populaire nationale en 1990.

Ce choix d'un Taïwanais a une portée symbolique très forte, et souligne le lien étroit qui existe entre nationalisme taïwanais et démocratisation, contre le régime dictatorial du Kuomintang « continental »[5]. Lee Teng-hui organise des élections au suffrage universel à tous les niveaux. Il est élu président de la République au suffrage universel en 1996, le premier dans le monde chinois, provoquant la colère de Pékin. En choisissant la démocratie, Taïwan interdisait en effet que des décisions vitales pour son avenir soient prises sans consultation ni accord de la population. Le Taïwan démocratique s'éloignait un peu plus des scénarios d'unification imposés par Pékin et d'éventuels alliés taïwanais.

Lee Teng-hui suit avec Pékin une politique pragmatique de reprises des échanges économiques indirects[6] mais sa définition des relations bilatérales comme des « relations spéciales d'État à État », sur un pied d'égalité entre les deux rives du détroit, provoque des tensions avec la RPC[7].

Pour les autorités chinoises, la démocratisation de Taïwan ouvre la boîte de Pandore d'une expression populaire totalement libre, comme le démontre l'alternance politique sans heurt lors des élections qui se sont succédé à Taïwan depuis 1996. Contrairement à Hong Kong, dont le sort avait été réglé entre la puissance coloniale britannique et le pouvoir chinois, sans qu'aucune consultation de la population ait été organisée, Pékin rejetant absolument tout référendum, Taïwan est quant à lui protégé par un régime démocratique qui interdit tout accord éventuel entre les autorités à Pékin et à Taipei, quelle que soit la position des dirigeants sur une éventuelle réunification.

L'ÉVOLUTION DU PARTI INDÉPENDANTISTE (DPP)

Le DPP créé en 1986 sur la base du mouvement des « hors parti » et d'un mouvement indépendantiste taïwanais apparu dès 1945, s'est construit, notamment à partir du mouvement de démocratisation des années 1980-1990, sur une radicalisation de l'identité taïwanaise, principal moyen de se distinguer d'un parti Kuomintang non seulement démocratisé mais désormais dominé par les Taïwanais « modérés » comme le président Lee Teng-hui[8]. Au cours des années 1980, le nationalisme identitaire est devenu l'un des principaux marqueurs de distinction politique à Taïwan[9]. Pour les tenants les plus radicaux du mouvement indépendantiste, il s'agissait de nier tout ce qui pouvait être considéré comme « chinois » dans la culture taïwanaise, et, au contraire, de mettre systématiquement en avant les éléments de « taïwanitude », linguistiques et culturels, faisant des habitants de l'île, même venus de Chine depuis le XVIIe siècle, des « Taïwanais ».

Cette dramatisation des rapports politiques entre camp nationaliste (*pan blue*) et camp indépendantiste (*pan green*), particulièrement vive au cours des années 2000, a été exploitée par Pékin pour démontrer les limites de la démocratie taïwanaise. Ces tensions témoignent toutefois du caractère très ouvert de la vie politique taïwanaise et la radicalisation de la stratégie chinoise à l'égard de Taïwan depuis l'arrivée au pouvoir de Xi Jinping a contribué à faciliter les convergences entre indépendantistes du DPP et nationalistes du Kuomintang.

En 2000, alors que Lee Teng-hui ne se représente pas, la démocratie taïwanaise connaît sa première alternance politique. Au cours des deuxièmes élections démocratiques à la présidence de la République, c'est Ch'en Shui-pien, chef du Parti démocrate progressiste (DPP) indépendantiste, qui est élu président. L'élection de ce dernier met fin à cinquante ans de pouvoir du Kuomintang sur l'île, même si le parti indépendantiste ne dispose pas de la majorité à l'Assemblée. En 2008, c'est à nouveau par des voies démocratiques que le Kuomintang retrouve le pouvoir pour quatre ans avec l'élection de Ma Ying-jeou[10].

Pour Pékin, cette succession d'élections libres et d'alternances réussies constitue un défi particulièrement grave : elle démontre qu'un système politique fondé sur les principes démocratiques est aussi adapté au monde chinois qu'à l'Occident. Plus peut-être que l'Inde ou même le Japon ou la Corée, Taïwan est en effet une démocratie que l'on peut qualifier de particulièrement mature dans son ouverture et le rôle de la société civile.

Dès son élection, le président Chen avait insisté sur le principe de démocratie, de liberté et de non-recours à la force dans la définition des relations avec la RPC. Ce sont ces principes qui en effet opposent Taïwan au régime de Pékin. Mais dans leur défense, c'est aussi le pragmatisme qui l'emporte et – en dépit des attentes de certains indépendantistes plus radicaux – Ch'en Shui-pien acceptera de préserver le *statu quo*, sans franchir la ligne rouge d'une déclaration d'indépendance formelle qui aurait pu entraîner une agression de la part de Pékin.

Même sous présidence « indépendantiste », Taïwan autorise progressivement les liaisons directes avec la Chine. Les premiers vols ont lieu en 2005, facilitant les investissements taïwanais sur le continent. Mais pour Pékin, la réélection de Ch'en Shui-pien en 2004 est un nouvel affront. Chaque avancée de la démocratie taïwanaise, chaque victoire du système démocratique sur l'île, contredit le discours du Parti communiste sur l'inadaptation des valeurs « occidentales » au monde chinois et provoque une réaction en retour de la Chine. En 2005, ce sera l'adoption de la loi anti-sécession.

Des divergences irréconciliables avec Pékin

Pour le Kuomintang comme pour le DPP, la différence de système politique constitue en effet le principal point de rupture avec Pékin, plus encore que les questions d'identité nationale. Si certains membres du Kuomintang ont pu espérer qu'une intégration plus étroite, très largement soutenue par les milieux d'affaires, aboutirait à une évolution positive vers plus d'ouverture sur le continent, cette perspective a quasiment disparu avec l'arrivée de Xi Jinping à la tête du Parti communiste en 2012. Comme d'autres partenaires de Pékin dans le monde occidental, la quasi-totalité du monde politique taïwanais, et de la population, a compris que tout ce qui s'apparentait à un changement progressif de régime et à une « évolution pacifique » du système politique était considéré par les dirigeants chinois comme une menace existentielle inacceptable.

Autre point de tension avec Pékin, également lié à la nature démocratique du régime taïwanais, dès 2000, un groupe de travail chargé des relations entre les deux rives, qui réunit l'ensemble des partis politiques, a recommandé que tout changement de statut de la Républic de Chine soit approuvé par le peuple taïwanais dans un processus démocratique. Le contraire de la situation qui a prévalu à Hong Kong. Taïwan en effet, n'a aucun lien de subordination avec la Chine et son évolution démocratique interdit à la RPC d'espérer imposer une solution négociée entre dirigeants des deux côtés du détroit, puis imposée à la population[11].

Si Taïwan n'a jamais choisi de déclarer son indépendance, même sous des présidences indépendantistes dotées d'une majorité législative, la formulation des relations a connu des évolutions qui tiennent compte de la réalité d'indépendance de fait de l'île mais sont dénoncées comme des provocations insupportables à Pékin. Lee Teng-hui parlait de « relations spéciales d'État à État ». Ch'en Shui-pien, de son côté, précisait que Taïwan ne deviendrait jamais une « zone administrative spéciale » d'un autre pays, allusion directe au statut sans garanties accordé à Hong Kong par le régime chinois.

Tsai Ing-wen, la femme tranquille

En 2016, c'est une femme, Tsai Ing-wen, qui plus est célibataire dans une société encore marquée par certaines valeurs confucianistes patriarcales, qui est élue présidente de la République avec plus de 56 % des voix, confortée par une victoire de son parti, le DPP, aux élections législatives concomitantes. Taïwanaise, Tsai Ing-wen poursuit une politique de pragmatisme modéré à l'égard de la Chine, favorable au *statu quo*, même si elle refuse de reconnaître comme l'exige Pékin l'existence d'un « consensus de 1992 » devenu, depuis les années 2000, le nouveau mantra des relations entre les deux rives.

Le principe d'une seule Chine a été officieusement formulé, par une déclaration orale, à l'occasion d'une réunion des deux missions chargées de gérer les relations entre les deux rives l'Association for relations Across the Taïwan Strait (ARATS) pour la Chine et la Strait Exchanges Foundation (SEF)* pour Taïwan, qui s'est tenue à Hong Kong en 1992. L'objectif de cette réunion était de préparer le rétablissement des liens entre les deux rives. Pour la partie chinoise, la déclaration indique que « les deux rives du détroit de Taïwan adhèrent au principe d'une seule Chine par des efforts mutuels dans le processus d'unification ». La partie taïwanaise ajoute toutefois « la définition du principe d'une seule Chine peut différer », ce que la RPC s'est empressée de passer sous silence. Le DPP, de retour au pouvoir depuis 2016, s'est toujours opposé à ce « consensus de 1992 » qu'il se refuse à entériner. Pékin en revanche, depuis 2005 et la rencontre historique entre le président du Kuomintang de l'époque, Lien Chan, et le président chinois, secrétaire général du Parti communiste Hu Jintao, a érigé cette pseudo-déclaration commune en principe absolu et incontestable, en dépit de l'absence de texte écrit.

Plus significatif pour la maturité de la démocratie taïwanaise, l'élection de Tsai Ing-wen ne s'est pas faite exclusivement sur la question de la relation avec la Chine. Les enjeux économiques, avec un ralentissement

---

* *Haixia jiaoliu jijinhui* 海峽交流基金會.

préoccupant de la croissance sous la présidence du Kuomintang de 2008 à 2016, une trop grande dépendance à l'égard de l'économie chinoise, encouragée par le parti au pouvoir et les milieux d'affaires, accusés de faire passer leurs intérêts avant ceux de Taïwan, les inégalités et l'emploi des jeunes, ainsi que le poids du nucléaire, qui inquiète depuis la catastrophe de Fukushima, ont été les principaux sujets débattus au cours de la campagne présidentielle. Dans le même temps, le KMT est apparu usé, divisé, miné par des scandales qui impliquaient le président Ma Ying-jeou lui-même. Ce dernier était par ailleurs accusé de défendre des positions trop proches de Pékin.

Modérée, soucieuse de ne pas inquiéter l'allié américain, Tsai Ing-wen a contribué à renforcer l'image positive de Taïwan sur la scène internationale à l'heure où, dans le même temps, la Chine de Xi Jinping s'enfonçait dans un repli idéologique de plus en plus agressif. En 2020, la réélection triomphale de Tsai Ing-wen est aussi due – outre les bénéfices de la reprise économique dans l'île – au contre-exemple de la répression du mouvement démocratique à Hong Kong par Pékin.

Les institutions de la démocratie taïwanaise

En Chine, c'est le Parti communiste qui domine et oriente les institutions étatiques. Taïwan a conservé la Constitution de la République de Chine promulguée en 1947. Toutefois, ça n'est qu'en 1987, avec la fin de la loi martiale, que les institutions respecteront les principes démocratiques initialement prévus. Si cette Constitution n'a pas été changée, c'est pour éviter de soulever des points de contentieux majeurs avec Pékin, notamment sur le territoire et le nom de l'île. Le préambule fait référence à Sun Yat-sen, fondateur du Kuomintang et premier président de la République. L'article 1, fortement inspiré des États-Unis, proclame que la République de Chine sera « une république démocratique gouvernée par le peuple, pour le peuple ».

La Constitution a toutefois été amendée à de nombreuses reprises entre 1991 et 2005. L'un des changements majeurs, en 1991, a été de déclarer que la juridiction de la République de Chine ne s'étendait qu'à Taïwan et aux îles qui en dépendent. Auparavant, c'était tout le territoire chinois qui était en théorie concerné. L'article 4 proclame que le territoire de la République de Chine dans ses frontières actuelles ne pourra être modifié que par une résolution de l'Assemblée nationale (Parlement). L'égalité totale entre tous les groupes ethniques est également affirmée. Au Parlement, les minorités autochtones disposent d'une représentation spécifique.

Par ailleurs, contrairement à la République populaire de Chine, l'ensemble des droits des citoyens sont garantis, dont la liberté de parole, d'enseignement, d'écriture et de publication. La liberté de religion, d'assemblée et d'association sont également garanties, ainsi que le droit d'élections, d'initiatives populaires et de référendum.

Aujourd'hui l'ensemble de ces droits distingue en tout le régime en place à Taïwan de celui de « centralisme démocratique » qui prévaut sur le continent. Le droit de référendum notamment interdit toute décision du gouvernement en faveur d'une réunification qui ne serait pas souhaitée par la population. Au niveau des institutions, la séparation des pouvoirs est respectée. Le président de la République et le vice-président sont élus tous les quatre ans au suffrage universel depuis 1996. Leur mandat n'est renouvelable qu'une fois, ce qui interdit à l'actuelle présidente Tsai Ing-wen de se représenter en 2024. Cinq « organes » (*yuan*) dépendent de la présidence et constituent l'exécutif. Il s'agit du *yuan* exécutif, ou cabinet du Premier ministre nommé par le président. Le *yuan* de contrôle a la charge du contrôle des finances, le *yuan* des examens gère le recrutement et la qualification des fonctionnaires, lointain héritier de l'organisation des examens impériaux. Le *yuan* judiciaire est une sorte de cour suprême, organe judiciaire le plus élevé de la République. Le président de la République nomme les présidents de ces organes, mais sa décision doit être approuvée par le Parlement, ou *yuan* législatif.

Le *yuan* législatif, composé depuis 2004 et la dissolution de l'Assemblée nationale d'une chambre unique de 113 membres élus pour quatre ans, a entre autres la responsabilité de la révision ou de l'amendement de la

Constitution. Il a aussi le droit de censurer le président ainsi qu'un droit d'*impeachment**.

La garantie des libertés fondamentales

Le système politique taïwanais est donc institutionnellement une démocratie pleine et entière, l'exact opposé de la RPC, dont la Constitution proclame que la République populaire de Chine est un État socialiste où la dictature populaire s'exerce « sous la direction du Parti communiste »[12]. La Constitution du Parti dénonce le « libéralisme bourgeois » : la « démocratie » ne peut être que « socialiste », c'est-à-dire limitée, à l'exact opposé des évolutions que Taïwan a connues depuis plus de quatre décennies[13].

Taïwan se distingue aussi par une liberté de la presse exceptionnelle dans le monde chinois, particulièrement depuis la reprise en main de Hong Kong par le pouvoir central pékinois et l'adoption en 2020 de la loi sur la sécurité nationale. Selon l'index compilé par Reporters sans frontières, qui agrège des données concernant l'indépendance des médias, en 2021, Taïwan se situait en 43e position sur 180 pays. La position de Taïwan la place dans la même catégorie que les grandes démocraties occidentales et plus de 20 points devant d'autres pays d'Asie démocratiques comme le Japon. Et bien sûr,

* Jusqu'en 2004, l'Assemblée nationale disposait du droit de confirmer l'élection du président de la République et de révision de la constitution. Ce dernier pouvoir a été transmis au *yuan* législatif. Le président est élu au suffrage universel.

la place de Taïwan contraste fortement avec celle de la République populaire de Chine, classée 177e[14].

Depuis la fin des années 1980, l'offre médiatique à Taïwan a explosé. Une grande diversité de points de vue, et la critique des autorités, s'exprime parfois sans limites dans un environnement hyper-compétitif.

Il existe plus d'une centaine de chaînes de télévision par câble ou satellites et les abonnements sont peu onéreux. Les programmes sont essentiellement en chinois mandarin et en taïwanais (hokkien). Il existe aussi quelques programmes dédiés en hakka, ainsi que, depuis 2005, dans une des langues autochtones. Plus de 170 radios complètent une offre pléthorique.

La presse compte également une centaine de journaux et plusieurs milliers de magazines. Les trois principaux quotidiens affichent une position partisane. Le *Ziyou shibao* 自由時報, 529 000 lecteurs, est proche du parti indépendantiste DPP. Le *Lianhe bao* 聯合報 (210 000 lecteurs) et le *Zhongguo shibao* 中國時報 (135 000), qui datent respectivement de 1950 et 1951, sont proches du Kuomintang et favorables à des relations plus étroites avec la Chine. Enfin, la population de Taïwan est l'une des populations les plus connectées à Internet, à plus de 95 %, et aux réseaux sociaux*.

* Taïwan ne dépend évidemment pas du réseau internet fermé installé en Chine.

CHAPITRE 4

Soft power taïwanais contre *hard power* chinois

Alors que la Chine se fige dans des modèles sociaux rigides au nom d'une tradition revisitée par le Parti communiste, les autorités taïwanaises ont adopté depuis les années 2000, avec le soutien de la population représentée par des institutions politiques solides, de nouvelles règles qui placent Taïwan à la pointe des évolutions sociétales. De l'autre côté du détroit, sur le continent, on découvre à l'inverse que l'enlèvement de femmes mariées de force n'a pas disparu, qu'après avoir imposé l'enfant unique avec avortements forcés, c'est désormais l'avortement qui est contrôlé par les autorités pour cause de dénatalité. Surtout, quand la Chine se ferme, et plus encore depuis la crise du Covid-19, Taïwan s'ouvre, voyage, et diffuse son *soft power* fondé sur la liberté d'initiative et de création et le respect de formes d'expression du passé que le régime chinois a longtemps voulu éradiquer. C'est aussi là que se situe le noyau dur de la démocratie taïwanaise, et sa maturité, ce qui lui permet de s'imposer dans l'imaginaire international comme une puissance légitime.

En pointe sur les sujets sociétaux

La question de l'égalité des genres est particulièrement significative dans une société traditionnellement confucianiste, où la femme était soumise à l'autorité de son père, de son mari ou de son fils. Ce sont ces principes qui continuent de freiner l'évolution de la condition féminine dans d'autres sociétés asiatiques marquées par le confucianisme comme la Corée, le Japon et la Chine. À Taïwan, l'évolution est d'autant plus remarquable que le processus de démocratisation est relativement récent. C'est en 1972 qu'Annette Lu, militante indépendantiste, a initié un mouvement pour le droit des femmes, en dépit de la répression. En 2004, une loi visant à mettre en œuvre l'égalité des genres dans l'enseignement, depuis l'école primaire, et à éliminer toute discrimination a été adoptée. Symboliquement, l'élection puis la réélection de la présidente Tsai Ing-wen, qui s'est prononcée en faveur de ces thématiques, constituent une véritable exception dans le monde sinisé et témoigne de ces avancées.

L'autre avancée symbolique qui fait de Taïwan, qualifié de « pays le plus favorable aux personnes LGBT + en Asie », une exception, est l'adoption, en 2019, d'une loi autorisant le mariage pour tous. Cette mesure a donné lieu à d'importants débats, mais le taux d'approbation dans l'opinion publique s'élève désormais à 60 % d'opinions favorables.

En la matière, une autre décision symboliquement forte a été le choix d'Audrey Tang, personnalité transgenre, militante LGBT + depuis les années 1990, comme ministre sans portefeuille en 2013, chargée de renforcer la maîtrise des médias et des réseaux sociaux dans les écoles, puis ministre du Numérique en 2016. Là encore, il s'agit d'une exception en Asie et dans le monde. En 2020, une Commission nationale sur les droits de l'homme a été mise en place, destinée à traiter et à réduire les cas de discriminations liées, notamment, aux questions de genre. Toujours, l'objectif est de consolider la défense des droits de l'homme, une autre manière de se démarquer de la situation qui règne en République populaire de Chine. Sur tous ces points liés aux libertés fondamentales, selon l'index compilé en 2021 par l'organisation *Freedom House*, Taïwan a un score positif de 94 sur 100, alors que celui de la République populaire de Chine n'est que de… 9 sur 100[1].

Esprit d'ouverture

Taïwan se caractérise également par une grande ouverture sur l'extérieur, que ce soient les voyages, les études ou l'accès aux sources d'information externes non censurées, tous éléments qui ne peuvent que stimuler les échanges, l'esprit critique et la réflexion et distinguer un peu plus la société taïwanaise de celle de la Chine continentale. Cette ouverture a été facilitée par l'augmentation du niveau de vie : 34 % de la population taïwanaise dispose d'un revenu supérieur à 50 dollars par jour, le taux le plus élevé en Asie[2]. Cette classe moyenne aisée voyage à l'étranger. Selon les statistiques du Bureau taïwanais du tourisme, au cours de l'année 2019, avant l'interruption due à la pandémie de Covid-19, 35 % de la population taïwanaise au-dessus de 12 ans s'était rendue au moins une fois à l'étranger. À plus de 69 %, ces touristes vont en Asie du Nord-Est (Japon et République de Corée), et près de moitié moins (36 %) en Chine, y compris Hong Kong et Macao. Ce n'est donc pas avec le tourisme que Pékin pourra séduire la population de Taïwan. L'île attire également un nombre significatif de touristes étrangers : ils ont été 11 millions en 2019, avec une augmentation de 7,2 % par rapport à l'année précédente. Si la pandémie de Covid-19, comme dans le reste de l'Asie, a quasiment interrompu les flux touristiques, la reprise devrait se faire dès que la situation sera stabilisée pour une population qui fait preuve d'un véritable intérêt pour le monde extérieur.

Autre critère, le nombre d'étudiants à l'étranger, rapporté à la population estudiantine totale (271 000), est également très important en dépit du coût de ce type d'études. De 2019 à 2020, 71 000 Taïwanais ont étudié à l'étranger, la première destination étant les États-Unis, avec 24 000 étudiants, suivis de l'Australie (20 000) puis du Japon (9 600) et de l'Europe (3 400), dont 668 en France.

En revanche, alors que la destination a longtemps été attractive, en raison du faible coût des études dans les disciplines comme la médecine, la Chine n'accueille plus aujourd'hui que 12 000 étudiants taïwanais. Les tensions politiques et le repli idéologique du régime chinois jouent un rôle de repoussoir, particulièrement depuis la répression du mouvement démocratique à Hong Kong.

À l'inverse, les autorités taïwanaises encouragent les coopérations avec les universités étrangères, notamment aux États-Unis, et veulent renforcer le caractère « international » de l'île, qui s'oppose au repli chinois. Ainsi, en 2018, elles ont adopté une initiative visant à faire de Taïwan une nation parfaitement bilingue en anglais avant 2030. L'objectif est de développer la maîtrise courante de l'anglais dès l'école primaire, pour mieux ancrer Taïwan dans le système global et accroître sa légitimité en jouant de l'atout de son ouverture. Le contraire de la Chine de Xi Jinping, qui renforce le contrôle idéologique sur les universités, avec la mise en place de comités du Parti communiste à tous les niveaux, et limite les échanges avec les institutions étrangères soumises aux mêmes règles.

Autre atout de Taïwan, 95 % de la population dispose d'un accès libre à Internet, contrairement à la situation imposée en Chine, où les principaux sites étrangers ne sont pas accessibles et où les contenus sont constamment surveillés et censurés. 98 % de la population taïwanaise utilise un téléphone mobile pour toutes les activités sociales*.

Conséquence de ce taux de pénétration élevé, 83 % de la population taïwanaise utilise les médias sociaux, Facebook se situant en tête, suivi d'Instagram et de Twitter, et le premier moteur de recherche sur Internet est Google. Là encore, contrairement à la République populaire de Chine, Taïwan est en phase avec le reste du monde, avec un accès direct aux sources d'information mondialisées.

Il existe également une diaspora taïwanaise à l'étranger, particulièrement aux États-Unis, qui demeurent aujourd'hui la première destination d'immigration pour la population de l'île, évaluée à 358 000 personnes[3]. Cette diaspora est une force, elle mène des activités de lobbying auprès du Congrès. C'est le cas notamment des descendants des premiers immigrants, aujourd'hui de nationalité américaine, qui agissent au sein de la Formosan Association for Public Affairs. Leurs activités visent à influencer les membres du Congrès en mettant en avant la communauté de valeurs démocratiques entre Taïwan et les États-Unis.

* Le taux de pénétration des ordinateurs, de 76 %, est en revanche moins important.

Un dynamisme culturel qui s'exporte

Taïwan n'a pas créé comme la Chine des centaines d'instituts Confucius, ni financé des chaînes de télévision en langue étrangère, ni investi dans des pages de publireportages insérées dans les grands titres de la presse internationale. Mais le *soft power* taïwanais peut s'appuyer sur une créativité culturelle reconnue, de la littérature au cinéma en passant par la danse. Taïwan est également le conservateur d'une culture traditionnelle, dont l'expression s'est libérée depuis la démocratisation. Les autorités taïwanaises sont conscientes de cette richesse, même si le financement et les efforts de coordination entre les différentes agences chargées de promouvoir l'île et ses valeurs sont encore limités[4]. C'est à partir de la société civile et de la production artistique qui en est issue que s'affirme le *soft power* taïwanais, dans un mouvement opposé à celui les initiatives pilotées d'en haut par le Département de la propagande du Parti communiste chinois sur le continent. La mise en œuvre du *soft power* taïwanais est sans doute moins coordonnée que la stratégie de Pékin, mais plus efficace en termes de séduction.

La littérature taïwanaise, entre nostalgie et réalisme

Libérée de la censure depuis la démocratisation, la littérature taïwanaise contemporaine, nourrie de la culture chinoise traditionnelle dont elle a conservé la forme d'écriture avec les caractères non simplifiés*, réunit les apports et les expériences des écrivains taïwanais « de souche », y compris une littérature aborigène spécifique, ceux des écrivains d'origines continentales, et les écrivains de la diaspora. Ainsi, né sur le continent, Pai Hsien-yung a chroniqué la vie de continentaux déracinés après 1949[5]. Les écrivains continentaux ont dominé le paysage littéraire taïwanais tant qu'une nouvelle génération autochtone, maîtrisant la langue chinoise écrite, contrairement à ses parents éduqués en japonais, n'avait pas émergé[6].

Dans les années 1970, la littérature taïwanaise est marquée par la volonté d'affirmer l'autonomie de l'île, y compris son autonomie culturelle. Certains se mettent au service de la construction d'une identité taïwanaise. Ce mouvement sera réprimé par les autorités du Kuomintang, avant de s'exprimer à nouveau avec la démocratisation[7]. La nouvelle génération d'écrivains taïwanais, comme Li Ang, dénonce avec réalisme les valeurs traditionnelles « chinoises », et la nostalgie exprimée par la première génération d'écrivains venus du continent.

Contrairement à ce qui se passe en République populaire de Chine où chaque « minorité » doit se plier au

---

* Jusque dans les années 1970, le chinois classique était encore couramment utilisé à Taïwan, notamment pour les textes officiels, écrits verticalement de droite à gauche jusqu'en 2005. Taïwan a conservé l'usage des caractères chinois traditionnels alors que sur le continent, c'est une forme simplifiée, avec un nombre de traits réduits, qui est utilisée pour environ 2 000 caractères les plus courants.

moule commun derrière les apparences exotiques de la différence, c'est la diversité des cultures qui est mise en avant à Taïwan comme caractéristique de la littérature de l'île, opposée au chauvinisme « grand Han »[8]. Des écrivains comme Tian Ya-ge (Topas Tamapima) revendiquent leur identité aborigène et sont encouragés à l'exprimer. Sur le continent à l'inverse, après une période de relative ouverture dans les années 1980, c'est la reprise en main idéologique, au nom de la grande renaissance de la nation chinoise, qui l'emporte et écrase toute opposition comme le montre le sort réservé aux Ouïghours, aux Tibétains ou aux Mongols.

Un cinéma mondialement reconnu

Le cinéma est l'autre grand vecteur du *soft power* taïwanais, témoin de la créativité de l'île, là encore en opposition à la situation qui prévaut sur le continent. Dès les années 1980, avant même la fin de la dictature du Kuomintang, la « nouvelle vague » du cinéma taïwanais d'art et d'essai peut se développer. Face à la concurrence des productions hongkongaises, la Central Motion Picture Corporation contrôlée par James Soong, cacique du Kuomintang, à la tête du Bureau de la propagande du régime nationaliste, choisit d'encourager une production locale de qualité ancrée dans la réalité taïwanaise et très inspirée par le nouveau réalisme italien. Ce sont les bases du succès international du cinéma taïwanais qui sont ainsi mises en place. Tous les thèmes les plus difficiles peuvent être abordés, y compris la période de la Terreur blanche qui a pesé sur l'île après 1945. C'est ce qu'exprime le travail de Hou Hsiao-hsien, l'un des cinéastes taïwanais les plus connus, dans sa « trilogie taïwanaise » avec *A City of Sadness*, *The Puppet Master* et *Good Men Good Women*. Plus récent, Ang Lee, autre porte-drapeau du cinéma taïwanais, traite des phénomènes de société, dont l'homosexualité, inspiré autant par Taïwan que par l'Occident. Il jouit d'une reconnaissance internationale avec *The Wedding Banquet*, *Sense and Sensibility* ou *Le Secret de Brokeback Mountain* qui lui ont apporté un oscar en 2005.

Plus récemment, le cinéma taïwanais a subi la concurrence des productions hollywoodiennes avec l'ouverture du marché des biens culturels. Toutefois, la qualité et l'esprit d'ouverture de ce cinéma participent de la construction d'une image positive de Taïwan en Occident et d'une identité spécifique, différente de celle du « monde chinois » dont les autorités de l'île veulent se distinguer.

Créé en 1962, le Golden Horse Festival de Taïwan a longtemps été le seul festival du film chinois dans le monde et a attiré l'ensemble des productions du monde chinois, y compris celles du continent. Mais, depuis 2018, Pékin boycotte le festival taïwanais. Sous le contrôle de plus en plus strict de la RPC, une partie des productions de Hong Kong ont suivi le même mouvement. En 2021, la Chine a inauguré son propre festival, le Golden Rooster Festival, qui a lieu le même jour que le festival taïwanais. Paradoxalement, la réaction de Pékin, qui tente d'imiter le modèle taïwanais, peut renforcer l'image positive de Taïwan et de son cinéma sur la scène internationale, où les blockbusters nationalistes chinois ont du mal à s'imposer[9].

Les séries télévisées taïwanaises rencontrent en revanche moins de succès, en dépit d'une coopération qui se met en place avec Netflix. Les autorités incitent les producteurs et les metteurs en scène à s'inspirer du modèle coréen, dont les séries connaissent un succès impressionnant à l'étranger, en Asie et au-delà[10]. Mais dans ce domaine, les succès internationaux de Pékin sont tout aussi inexistants.

Danser pour Taïwan

La créativité encouragée à Taïwan s'exprime également dans la danse contemporaine, une exception dans le monde chinois. Le mouvement a été initié par le Cloud Gate Theater, créé en 1973 par Li Hwai-min, fusion de la danse contemporaine et d'expressions corporelles asiatiques, des danses populaires aux arts martiaux en passant par les techniques de respiration du *qi gong*. La dimension esthétique du Cloud Gate Theater a fortement contribué à son succès, à Taïwan et à l'étranger. Comme le cinéma, la danse taïwanaise, soutenue par la Direction générale des arts du ministère de la Culture contribue aussi au rayonnement et à la visibilité de l'île. C'est sous le nom de *Formosa* que le spectacle donné aux États-Unis en 2018 a été unanimement salué. Mais le Cloud Gate Theater a également servi de pont avec le continent, avec l'organisation de tournées communes.

En 2019, la dernière tournée organisée en Chine, en partenariat avec les danseurs du groupe Tao Dance de Pékin, s'intitulait *Multiplication*, comme pour imposer le concept de « multiplicité » que Taïwan met en avant.

Opéra et marionnettes : le conservatoire des cultures traditionnelles

Taïwan est aussi le conservatoire d'une culture chinoise traditionnelle très largement éradiquée sur le continent au nom de l'idéologie. Alors que, pendant la Révolution culturelle, Mao Zedong appelait à détruire les « vieilleries » héritées du passé et censurait l'opéra chinois traditionnel, à Taïwan au contraire, l'opéra était érigé en arme idéologique contre le régime communiste avec le mouvement de « Renaissance culturelle » opposé en 1965 à la « Révolution culturelle ». C'est également à Taïwan que l'art des marionnettes, la musique traditionnelle mais aussi l'étude des classiques de la littérature chinoise ont pu se perpétuer[11].

L'opéra « de Pékin » avait été introduit dans l'île à la toute fin de la dynastie des Qing, avec une première représentation en 1885, lorsque l'île a été administrativement rattachée à l'Empire. Les représentations, avec la visite de troupes venues du continent, se sont poursuivies pendant la période coloniale, jusque dans les années 1930, quand les autorités japonaises ont accentué le mouvement de « nipponisation » de la colonie.

Après 1949, alors que les arts traditionnels et l'opéra avaient quasiment disparu en République populaire de

Chine, à Taïwan, l'armée nationaliste a pris en charge la préservation de cet art « chinois », instrument de la sinisation de l'île, distraction pour les continentaux « exilés » et soutien idéologique à l'esprit de reconquête du Continent, défendu par le Kuomintang. Pendant toute la période de la dictature du KMT, « l'opéra national » (*guoju* 國劇), tel qu'il est nommé sur l'île, a été imposé, contre les formes locales d'opéra chinois, très populaire, le *gezai* 歌仔 joué dans les Temples lors des festivals[12].

En 1951, trois troupes dépendant des forces terrestres, navales et aériennes ont été créées, avec leurs centres de formation, administrées par le ministère de la Défense. Les représentations avaient lieu à Taipei au National Armed Center for the Performing Art. On pouvait encore y voir, dans les années 1980, de vieux messieurs en robe traditionnelle qui s'endormaient doucement devant les scènes connues par cœur des pièces les plus célèbres du répertoire classique. Conservatoire d'un art continental en voie de disparition en Chine même, l'Opéra de Pékin à Taïwan a également contribué à le faire connaître à l'étranger, avec de très nombreuses tournées organisées en Europe, aux États-Unis ou en Asie.

Destiné initialement à soutenir le moral des soldats venus du continent, et d'une population vieillissante, l'Opéra de Pékin à Taïwan a toutefois progressivement perdu de son attrait. Avec la démocratisation et la « taïwanisation » des productions culturelles de l'île, il a également perdu ses soutiens officiels. Mais la tradition et la pratique ont été préservées, avec la nouvelle troupe Kuo Kwang fondée en 1995 après la dissolution des troupes militaires[13]. Les représentations, aujourd'hui sous la direction du National Center for Traditional Arts, qui dépend du ministère de la Culture, sont intégrées au programme d'action culturelle globale du ministère, au service du *soft power* taïwanais à l'étranger et de la diplomatie publique de l'île.

C'est à Taïwan enfin qu'a été préservé l'art des marionnettes (*budaixi* 布袋戲) originaire – comme les premiers migrants chinois sur l'île – des régions côtières du sud de la Chine. Le *budaixi* est resté très populaire, sous l'occupation japonaise comme sous le Kuomintang, même si les autorités ont tenté de limiter son audience en supprimant dans les années 1970 les programmes de retransmissions télévisées. Théâtre itinérant, les représentations avaient lieu en taïwanais, de village en village, à l'occasion des fêtes, comme le montre le film *Le Maître de marionnettes*, de Hou Hsiao-hsien (1993). Et cette pratique, modernisée, se poursuit aujourd'hui avec de nouvelles troupes.

Ainsi, au travers de tous ces éléments constitutifs de son *soft power*, de la création contemporaine au conservatoire des cultures traditionnelles, c'est la légitimité de Taïwan qui s'impose progressivement face à une Chine qui ne croit qu'en la force.

CHAPITRE 5

Le poids économique de Taïwan face à la Chine

L'économie de Taïwan est aujourd'hui près de vingt fois inférieure à celle de la RPC. Pourtant, ce sont les investisseurs taïwanais, et notamment les petites entreprises longtemps méprisées par le Kuomintang, qui, à la fin des années 1970, sont à l'origine du succès de la politique de réformes économiques et d'ouverture mise en place par Deng Xiaoping.

Aujourd'hui encore, le rôle de Taïwan dans les succès économiques de la Chine et sa montée dans l'échelle de la valeur ajoutée est considérable. Les entrepreneurs venus de Taïwan ont contribué à la construction d'une base manufacturière tournée vers l'exportation, une « usine du monde » dans une Chine qui, à la sortie de la Révolution culturelle après la mort de Mao Zedong en 1976, était totalement exsangue. Ce sont les investissements taïwanais qui expliquent le miracle de la croissance chinoise, comparé aux résultats plus limités de l'Inde par exemple. Sans ces investissements considérables et le *know how* qui les accompagne, la Chine n'aurait pas connu cette croissance qui continue d'impressionner le reste du monde.

Des atouts économiques

Officiellement, les investissements taïwanais sur le continent ont été interdits jusqu'en 1992 et l'adoption du Décret gouvernant les relations entre Taïwan et la Chine[1] – décret qui ne faisait que reconnaître la réalité de mouvements déjà très importants, mais opaques.

Avec la reprise des relations entre les deux rives du détroit en 1988, c'est tout un monde des affaires sino-taïwanais qui s'est en effet constitué dans la zone grise des échanges tolérés. Pékin a très vite cherché à exploiter ce microcosme, uni par les mêmes racines culturelles et une même langue, et les liens étroits tissés entre entrepreneurs taïwanais et bureaucraties locales en Chine*. Les provinces privilégiées par les investisseurs taïwanais, Guangdong, Jiangsu, Fujian et Zhejiang, sont en effet celles d'où était originaire la population taïwanaise elle-même, et beaucoup de continentaux arrivés après 1949.

* Ce n'est qu'en 2008 que les « trois liaisons », dont les vols directs entre les deux rives du détroit, seront autorisées. Auparavant, les échanges, y compris les échanges commerciaux, transitaient par Hong Kong.

Foxconn, l'une des plus grandes entreprises taïwanaises établies en République populaire de Chine, illustre la manière dont les investisseurs taïwanais se sont saisis des opportunités offertes par la Chine dès la fin des années 1970. Son fondateur, Terry Gou, dont la famille était arrivée à Taïwan en 1949, a créé la Hon Hai Precision Industry Company (Foxconn) en 1974. Dès 1988, avant même que les investissements taïwanais ne soient officiellement autorisés, il s'est installé à Shenzhen, au cœur de la première zone économique spéciale (ZES) établie en Chine. La Chine de Deng Xiaoping offrait en effet aux investisseurs étrangers, dont la majorité venaient de Taïwan, des conditions particulièrement intéressantes en matière d'exemption de taxes.

Ce mouvement massif d'investissement sur le continent a correspondu aussi à une perte de compétitivité de Taïwan sur les marchés internationaux. Au cours des années 1980, les salaires taïwanais ont augmenté de 8 % par an en moyenne. À partir de 1985, sous la pression des États-Unis qui dénoncent le déficit de leur balance commerciale, le *yuan* taïwanais s'est également apprécié, diminuant la compétitivité et les parts de marché des produits taïwanais.

La tendance statistique démontre la montée en puissance des investissements taïwanais sur le continent à partir de 1988. Cette année-là, le montant cumulé s'élevait à 219 millions de dollars, pour atteindre 15 milliards de dollars en 2008 et poursuivre ensuite une trajectoire toujours ascendante en dépit des tensions récurrentes entre l'île et le continent.

Dans les années 2000, les investissements taïwanais en Chine représentent 87 % de la totalité des investissements de l'île à l'étranger et Taïwan était et demeure, de très loin, le principal investisseur « étranger » sur le continent, véritable moteur du développement économique de la Chine.

La domination technologique de Taïwan dans des secteurs clés

Taïwan participe également à la montée en puissance technologique de la Chine. 90 % des investissements se font dans le secteur manufacturier, l'objectif des entreprises taïwanaises étant de produire en Chine pour réexporter vers les marchés mondiaux, mais les secteurs concernés sont montés en gamme. Dans les années 1980, les investissements étaient concentrés dans le secteur de l'industrie légère, de l'habillement et des plastiques. À partir des années 2000, les investissements taïwanais en Chine se sont diversifiés vers les ordinateurs, les appareils électroniques ou le matériel optique qui seront ensuite réexportés vers la terre entière. C'est la diversification de ces investissements qui permet aujourd'hui à la Chine d'apparaître comme une grande puissance technologique, quand, bien souvent, son rôle se limite à l'assemblage de produits conçus ailleurs, et notamment à Taïwan. Ainsi, ça n'est pas la Chine qui est aujourd'hui un des premiers fournisseurs d'Apple, mais le fabricant taïwanais Foxconn, et Pékin n'est pas à l'abri de stratégies de relocalisation des entreprises taïwanaises vers l'île ou d'autres pays en Asie du Sud-Est.

Et ce, d'autant plus que la Chine demeure totalement dépendante de Taïwan pour des éléments stratégiques comme les semi-conducteurs. Taïwan a investi dans les semi-conducteurs sur le continent, mais n'a jamais cédé à la Chine la fabrication des produits de dernière génération, ceux qui lui permettent de conserver une avance remarquable dans ce domaine. Les chiffres parlent d'eux-mêmes et montrent la très grande dépendance de la Chine à l'égard de Taïwan. 86,3 % des exportations de Taïwan vers la Chine concernent le secteur des machineries électriques, des équipements mécaniques, des instruments de haute précision, des plastiques de haute qualité et des produits organiques (engrais). Parmi ces produits, le secteur des machineries électriques représente 64 % du total, composé à 78 % des exportations de semi-conducteurs dont dépend totalement l'industrie chinoise. Après plus de vingt ans d'efforts pour renforcer son autonomie, la Chine ne produit que moins de 20 % des semi-conducteurs qu'elle utilise, notamment pour produire les téléphones de dernière génération[2].

C'est toujours à Taïwan que se trouvent les universités les plus en pointe en la matière comme la National Yang Ming Chiao Tung University. C'est à Taïwan également que l'on trouve les entreprises qui dominent de très loin le marché mondial des matériaux les plus performants, comme TSMC, qui contrôle 50 % du marché des microprocesseurs dans le monde, et est le seul à pouvoir produire des micro-processeurs de 5 nanomètres, et moins encore demain* ; ou Mediatek. C'est vers Taïwan que se tournent les entreprises américaines comme Qualcom, Intel ou Nvidia pour la recherche et le développement. Plus de 290 000 personnes travaillent dans le secteur de la micro-électronique à Taïwan et si Pékin a pu séduire des ingénieurs taïwanais, la crise du Covid-19 et la fermeture du régime ont interrompu ce mouvement de séduction.

Cette excellence est le résultat d'un investissement de longue date et du dynamisme des échanges scientifiques avec l'extérieur. Avant la fin de la dictature du Kuomintang, dans les années 1980, le gouvernement taïwanais a joué un rôle majeur dans la recherche de pointe à Taïwan, avec l'Industrial Technology Research Institute (ITRI), qui dépend du ministère de l'Économie, et la création de *science parks*, dont le Hsinchu Science Park, siège de TSMC, établi en 1980 et le Southern Taïwan Science Park en 1996. Il s'agissait d'aider de jeunes entreprises taïwanaises de haute technologie, souvent créées par des Taïwanais ayant étudié dans les meilleurs instituts aux États-Unis. Un modèle que Pékin tentera ensuite de suivre mais avec beaucoup moins de succès en raison de l'absence de liberté de pensée, de règles claires et de transparence

* Taïwan contrôle plus de 95 % de la production des micro-processeurs les plus miniaturisés. En 2022, la limite de 3 nanomètres devrait être franchie par TSMC.

du régime qui protège mal le droit de la propriété intellectuelle.

Les succès de Taïwan dans le domaine des très hautes technologies sont en effet le résultat d'une combinaison fondée sur la confiance entre les auteurs de brevets aux États-Unis, les fabricants de machines les plus sophistiquées en Europe et les producteurs à Taïwan. La démocratie taïwanaise, son système légal, la protection des droits de propriété intellectuelle sont des atouts que la République populaire de Chine ne peut offrir et qui freine les coopérations. La Chine peut recruter chaque année plusieurs milliers d'ingénieurs, mais elle ne peut gagner la confiance de partenaires étrangers inquiets du techno-nationalisme de Xi Jinping.

C'est cette confiance dont jouit Taïwan qui lui permet de se positionner dans des secteurs clés pour la résilience des chaînes d'approvisionnement comme la pharmacologie, le Cloud, le contrôle de la qualité et des normes dans des domaines particulièrement sensibles comme l'intelligence artificielle et l'Internet des objets en réseaux.

Le risque de l'hyper-dépendance

Mais ces investissements massifs sur le continent, s'ils ont permis à l'économie taïwanaise de surfer sur la vague de la croissance chinoise, sont également progressivement apparus comme une source de dépendance et de risque de pression de la part de Pékin.

En 2005, le communiqué commun entre le président du Kuomintang, Lien Chan, et le secrétaire général du Parti communiste de l'époque, Hu Jintao, avait posé les bases d'une intégration économique renforcée entre les deux rives du détroit. Pour la RPC, cette intégration économique ne pouvait que mener graduellement à une « réunification » poussée par l'intérêt des milieux d'affaire taïwanais. Le communiqué en cinq points publié en 2005 prévoyait une baisse des taxes sur les fruits taïwanais, l'ouverture de vols charters, le développement du tourisme chinois dans l'île, la protection des investissements taïwanais sur le continent et un projet, à terme, de marché commun[3]. En 2009, les « trois relations directes », commerciales, aériennes et postales, entre Taïwan et le continent ont été établies, à la grande satisfaction des entrepreneurs taïwanais installés sur le continent. Enfin, en 2010, un accord-cadre de coopération économique (ECFA) a été signé entre les deux rives du détroit. Cet accord prévoyait des tarifs préférentiels pour 539 produits et services taïwanais et 267 produits et services chinois. Tous ces accords étaient destinés, alors que le Kuomintang était au pouvoir à Taïwan, à accélérer le rapprochement « pacifique » entre l'île et le continent et à séduire les milieux d'affaire taïwanais.

ENTRE TAÏWAN ET LE CONTINENT : LA LOYAUTÉ DES *TAISHANG*

Dans la stratégie de séduction et d'influence de Pékin face à Taïwan, la communauté des entrepreneurs taïwanais installés sur le continent depuis la fin des années 1980, les *taishang* 台商, joue un rôle très important. Estimés selon les sources entre 1 et 3 millions de personnes, ils sont en général, à 70 %, plutôt favorables au Kuomintang, jugé mieux à même de protéger leurs intérêts en Chine en stabilisant les relations avec Pékin. Ils ont soutenu tous les efforts de rapprochement entre les deux rives et la signature de l'ECFA avec la Chine en 2010.

Si les *taishang* ont intérêt au maintien de relations stables entre les deux rives du détroit, ils ne sont toutefois pas absolument gagnés aux thèses de Pékin en faveur de l'unification de l'île. Des différences existent entre les *taishang* dont la famille était originaire du continent et les Taïwanais de souche. Dans tous les cas, leurs intérêts économiques demeurent un facteur déterminant de leur positionnement politique plutôt favorable à des relations apaisées avec Pékin. Par ailleurs, en dépit des différences de mentalité et de culture, y compris de culture politique, les *taishang* ont tissé des liens étroits sur le continent, que les autorités chinoises tentent d'exploiter en leur faveur. Le RPC utilise les stratégies de « front uni », déjà mises en œuvre dans les années 1920 auprès de la bourgeoisie nationale émergente, et dont les milieux d'affaire taïwanais sont aujourd'hui une cible privilégiée. Ainsi, le poids des grands entrepreneurs taïwanais au sein de la Fondation pour les échanges à travers le détroit (SEF), instaurée en 1991 pour gérer les relations entre les deux rives, a longtemps permis à Pékin de peser sur les choix stratégiques de l'île en direction du continent[4].

Aux côtés des gros investisseurs, des milliers de petits entrepreneurs taïwanais se sont également développés sur le continent. Le caractère très familial de ces entreprises favorise aussi les rapprochements de chaque côté du détroit, encouragés par le pouvoir chinois[5]. Certains mènent une véritable double vie, avec une épouse – ou une maîtresse – sur le continent, et une famille à Taïwan, retrouvant ainsi des comportements de concubinages multiples hérités de la Chine ancienne. Bien entendu, pour Pékin, ces liens intimes et familiaux constituent autant de moyens de pression, ou d'informations, utiles pour le régime.

Sortir d'un partenariat trop exclusif avec la Chine

La Chine demeure donc, et de loin, le premier partenaire économique de Taïwan. En 2020, le commerce avec la Chine représentait 26,3 % des échanges extérieurs de Taïwan, 22,2 % de ses importations et surtout près de 44 % de ses exportations[6]. Quelles que soient les tensions, le marché chinois demeure vital pour l'économie de l'île. Mais avec le retour du DPP indépendantiste au pouvoir en 2016, la crainte d'une trop grande dépendance à l'égard de l'économie chinoise s'est imposée. Une nouvelle politique d'investissements vers le Sud (*xiangnan zhengce* 向南政策), essentiellement vers l'Asie du Sud-Est, aux Philippines, à Singapour, en Thaïlande et au Vietnam, a pris le relais de celle lancée, avec un succès limité, par Lee Teng-hui dès 1993. La stratégie plus agressive de la Chine depuis l'arrivée au pouvoir de Xi Jinping en 2012 a conforté la position de ceux qui, autour de la présidente Tsai Ing-wen, souhaitent réduire cette trop grande dépendance de l'économie taïwanaise à la Chine.

Mais Taïwan se trouve également pris dans les tensions sino-américaines, entre les attentes des États-Unis et ses intérêts économiques considérables sur le continent. La politique de sanction et de reprise du contrôle de la chaîne d'approvisionnement inaugurée par Donald Trump a été poursuivie par l'administration Biden, avec l'adoption, au mois d'avril 2021, du *US Strategic Competition Act*, dont l'objectif est de réduire la dépendance des États-Unis aux produits importés de Chine[7].

Les pressions venant des États-Unis pour relocaliser la production des entreprises taïwanaises dans les domaines stratégiques comme les semi-conducteurs sont donc très fortes et leur imposent une révision de leurs stratégies d'implantation. Dans le même temps, c'est aussi une chance pour Taïwan. L'île ne peut pas rivaliser avec la Chine sur les coûts de production, mais elle peut – contrairement à Pékin – être intégrée aux grands projets d'approvisionnement sécurisés. Toutefois, les défis sont importants, notamment pour les PME, qui ont longtemps fondé leur croissance sur leur seule stratégie de délocalisation vers le continent.

En dépit de ces difficultés, les entreprises taïwanaises ont amorcé un mouvement de relocalisation soit vers Taïwan, soit vers d'autres zones de production qui permettent de diversifier les sources d'approvisionnement pour les produits les plus critiques. Dans les secteurs sensibles comme les semi-conducteurs, des projets de coopération existent avec le Japon, les États-Unis ou l'union européenne pour l'ouverture de nouveaux centres de production. Le but, pour l'ensemble de ces pays, est le même : réduire la dépendance et les moyens de pression de Pékin. Pour Taïwan, il s'agit de s'imposer dans cette stratégie de relocalisation comme un partenaire fiable pour les pays démocratiques au premier rang desquels, les États-Unis.

Dès 2019, pour répondre à la guerre commerciale entre les États-Unis et la Chine, Tsai Ing-wen appelait à soutenir les projets de relocalisation et de montée en gamme des entreprises taïwanaises, notamment dans les secteurs de l'intelligence artificielle et de la biochimie, afin de renforcer la position de Taïwan dans les chaînes d'approvisionnement industriel mondiales[8]. Symboliquement, Foxconn (Hon Hai), premier producteur d'iPhone, dont tout le développement s'est fait en synergie la Chine, a décidé en 2020, sous la pression de son commanditaire Apple, de relocaliser une partie de sa production d'iPhone et d'iPad au Vietnam.

Le 11 novembre 2021, devant la Fédération des industriels chinois à Taipei, la présidente Tsai s'est également engagée à construire des chaînes d'approvisionnement résilientes dont Taïwan serait un maillon essentiel[9]. Cette tendance s'est encore renforcée avec la pandémie de Covid-19. Taïwan a en effet été confronté à des difficultés d'approvisionnement en vaccins Pfizer en raison des pressions chinoises. Pékin – qui pourtant n'utilise pas Pfizer pour des raisons politiques – a passé des accords de distribution avec l'entreprise, et impose de contrôler directement la vente des doses de vaccin à Taïwan, pour bien marquer l'« appartenance » de l'île à la RPC. Taïwan, comme d'autres, est ainsi otage des décisions politiques prises à Pékin[10].

L'ÉCONOMIE TAÏWANAISE DANS LE MONDE

La Chine est donc le premier partenaire commercial de Taïwan, mais les relations économiques de l'île avec le reste du monde sont loin d'être négligeables. En dépit d'un différentiel de population colossal avec la Chine (23 millions d'habitants à Taïwan contre 1 milliard 400 millions en Chine), l'économie taïwanaise se maintient au 21e rang mondial, avec un PNB de 759 milliards de dollars. Malgré la crise du Covid, l'économie de Taïwan a augmenté de 3,19 % en 2019, un chiffre supérieur à celui de la RPC, alors que le reste du monde connaissait une récession de plus de 4 % en moyenne. En 2021, le taux de croissance a été supérieur à 6 %. Outre ces succès, Taïwan se situe loin devant la Chine pour le climat des affaires selon la Banque mondiale. En 2019, elle occupait la 15e place sur 190 pays alors que la RPC se trouvait à la 31e place. La transparence, le respect des règles, la solidité du système légal jouent en faveur de Taïwan plus que de la Chine qui n'a pour elle que le potentiel de son immense marché.

Depuis les années 1980, l'économie taïwanaise est tournée vers l'extérieur, portée par les exportations industrielles. Le secteur manufacturier représente encore plus de 30 % du PNB de l'île. Les secteurs dominants sont ceux des semi-conducteurs, des technologies de l'information, des télécoms, de l'acier et du transport maritime. Par ailleurs, Taïwan est engagé dans plusieurs accords multilatéraux et bilatéraux. Il est membre de l'Organisation mondiale du commerce (OMC) depuis 2002, un an après la RPC, sous le nom de « Chinese Taipei », et de la Banque asiatique de développement (BAD), dont Taïwan (République de Chine) a été un membre fondateur en 1966.

Dans les années 2010, après avoir signé l'accord de coopération économique avec la Chine, Taïwan a pu ratifier quatre accords de libre-échange avec le Guatemala, Panama, le Nicaragua et le Honduras. Cinq accords de coopération économique ont été également signés avec la Nouvelle-Zélande, Singapour, le Paraguay, l'Eswatini (Swaziland) et les îles Marshall.

Un accord-cadre sur le commerce et les investissements avait également été signé avec les États-Unis, dont Taïwan est le 9e partenaire commercial, en 1994. Avec l'Union européenne, dont Taïwan est le 15e partenaire commercial, les discussions sur la possible institutionnalisation des relations commerciales n'ont pas encore abouti. Enfin, à la frontière de l'économique et du stratégique, en 2020, Taïwan a posé sa candidature, dans la foulée de la RPC, pour rejoindre le CPTPP (Partenariat transpacifique global et progressif) avec une chance de succès toutefois très limitée. La République populaire de Chine a également bloqué la candidature de Taïwan au bloc RCEP (Partenariat économique régional global) qui regroupe les pays de l'ASEAN* plus trois (Chine, Japon, République de Corée) ainsi que l'Australie et la Nouvelle-Zélande.

Mais pour Taïwan, les relations économiques, la participation aux formats multilatéraux et les accords bilatéraux s'insèrent dans une diplomatie qui vise à accroître la surface et la visibilité d'un quasi-État à qui pratiquement toute représentation diplomatique officielle est déniée en raison des pressions chinoises.

Ainsi, en dépit de la disproportion des deux économies, Taïwan occupe encore une place significative dans l'économie mondiale, y compris dans les secteurs les plus en pointe. Taïwan cherche à réduire sa dépendance à l'économie chinoise, qui offre à Pékin trop de moyens de pression. Mais la RPC a tout autant besoin de ces investissements taïwanais sur lesquels repose une large part de sa prospérité.

---

* Les pays de l'ASEAN sont les Philippines, l'Indonésie, la Malaisie, Singapour, la Thaïlande, le Cambodge, le Laos, le Vietnam, la Birmanie et Brunei.

CHAPITRE 6

Touché mais non coulé : l'envergure diplomatique de Taïwan

En dépit de sa quasi-absence de reconnaissance officielle, Taïwan continue d'exister sur la scène internationale. Depuis l'arrivée au pouvoir de Xi Jinping et le durcissement du régime, la perception positive de Taïwan s'est accrue dans le monde. C'est un échec de plus à mettre au compte de la stratégie agressive suivie par Pékin. Le nombre d'ambassades officielles de l'île, qui entretient de moins en moins de relations diplomatiques complètes, continue de se réduire sous les pressions de la Chine, mais chaque trophée arraché par la RPC contribue aussi – par contraste – à consolider l'image de la démocratie taïwanaise.

Une bataille perdue d'avance ?

Après sa défaite sur le continent, la République de Chine à Taïwan a pu maintenir pendant vingt-deux ans son statut de seul représentant de la Chine à l'ONU. Mais la question de cette représentation s'était posée dès la proclamation de la RPC à Pékin en 1949. En pleine guerre froide, soutenue par les États-Unis, la ROC, État fondateur de l'ONU aux côtés des alliés de la Seconde Guerre mondiale, a conservé son siège, et son statut de membre permanent du Conseil de sécurité, jusqu'en 1971. Dans les années 1950-1960, les États-Unis jouaient de leur veto pour interdire toute discussion sur l'entrée de la RPC à l'ONU. Dans la période qui a suivi, avec l'entrée de nouveaux États plus favorables à la RPC, à la suite des indépendances postcoloniales, ils ont défendu le principe d'une majorité des deux tiers pour que la question de la représentation de la République de Chine à l'ONU soit posée, tentant ainsi de bloquer le débat. Mais il montait en puissance sur la scène internationale depuis les années 1960. Le poids démographique de la RPC, comparé à celui de Taïwan, ne pouvait que décrédibiliser le discours du Kuomintang, qui prétendait toujours être le seul représentant de toute la Chine, en attendant la reconquête.

La perte de l'ONU

En 1971, on voit apparaître une convergence d'intérêts entre Pékin, qui veut se prémunir contre ce qu'il considère comme la « menace principale » soviétique à la suite du conflit sino-soviétique des années 1960, et Washington*. Pour les États-Unis, l'intérêt est d'obtenir une forme de neutralité de la RPC dans la guerre du Vietnam, et un soutien face à l'URSS dans le contexte de la guerre froide. Par ailleurs, dans les années 1970, la Chine de Mao, totalement ruinée par plus de dix ans de troubles, entre le Grand Bond en avant et la Révolution culturelle, apparaissait plus comme un atout stratégique que comme une puissance menaçante pour les États-Unis.

Henry Kissinger, conseiller pour la sécurité nationale de Richard Nixon et Secrétaire d'État, s'est rendu à deux reprises, en secret, en Chine en 1971 pour préparer la visite du président américain qui a lieu au début de l'année 1972. Le sujet de Taïwan a été abordé, et Pékin aurait reçu de Kissinger des assurances sur l'évolution de la position américaine sur ce sujet. La question d'une double représentation à l'ONU, à laquelle des diplomates taïwanais semblaient favorables, s'est posée, mais Chiang Kaï-shek y était plus réticent.

* De 1960 à la chute de l'URSS, un conflit oppose Moscou et Pékin, pour des raisons idéologiques puis de rivalité de puissance dans le monde en développement. En 1969, en pleine Révolution culturelle, un conflit armé oppose les forces chinoises et soviétiques sur l'Amour.

Accepter une double représentation signifiait en effet renoncer au statut de seul représentant légitime de la Chine, mantra de la politique du Kuomintang depuis 1949. De son côté la RPC aurait pu en faire un point de rupture des négociations avec les États-Unis, même si, à l'époque, la marge de manœuvre de la Chine demeurait limitée.

Craignant d'être évincé par un vote de l'Assemblée générale, Taïwan a annoncé son retrait de l'ONU au mois d'octobre 1971, avant que la Résolution 2758 de l'Assemblée générale ait admis la République populaire de Chine et l'exclusion de fait de la République de Chine. Une « trahison des idéaux de l'Organisation des nations Unies », pour l'ambassadeur de la République de Chine à l'ONU.

Dans un monde profondément divisé par la guerre froide et les combats idéologiques, 76 États ont voté pour l'admission de la RPC, 35 ont voté contre et 17 se sont abstenus. Parmi ceux qui ont voté en faveur de Pékin, on trouve la majorité des républiques socialistes, ainsi que les États du « troisième monde » soutenus par la République populaire de Chine. Avant même ce vote, dès 1964, après la reconnaissance de la République populaire de Chine par la France du général de Gaulle, les anciennes colonies françaises en Afrique nouvellement indépendantes avaient suivi, se prononçant systématiquement en faveur de l'intégration de la République populaire de Chine à l'ONU.

L'éviction de la République de Chine de l'ONU marque le début de l'isolement diplomatique de l'île dans le monde, la Chine ayant pour principe non négociable de n'établir des relations diplomatiques avec un autre État que si ce dernier rompt ses relations diplomatiques avec Taïwan. À chaque demande de réintégration, l'ONU oppose une fin de non-recevoir aux autorités taïwanaises. En 2007, le secrétaire général Ban Ki-moon avait refusé d'examiner la demande de la République de Chine de rejoindre l'ONU sous le nom de « Taïwan », au nom de la résolution 2758.

Qui reconnaît Taïwan ?

Au cours des années qui ont suivi le retrait de l'ONU, la surface diplomatique de Taïwan dans le monde s'est progressivement réduite, au rythme de la normalisation des relations diplomatiques de la majorité des États avec la République populaire de Chine, qui y met comme condition la rupture diplomatique avec Taïwan. Dans les premières années, le mouvement a été initié par les grandes puissances. Taïwan a longtemps pu conserver des relations diplomatiques avec les États les plus dépendants de son aide économique, ou idéologiquement très hostiles à la République populaire de Chine. Pékin, pendant plus de dix ans, n'avait pas les moyens économiques de lutter avec Taïwan dans les programmes d'aide destinés à conserver la reconnaissance des pays en développement. Mais avec la montée en puissance économique de la RPC, le rapport de force s'est inversé, accompagnant la volonté politique de Pékin d'utiliser l'arme de l'isolement diplomatique contre Taïwan à chaque fois que le parti indépendantiste arrivait au pouvoir.

En 2022, seuls quatorze États, parmi les plus pauvres de la planète, reconnaissent Taïwan, et ce soutien est fragile, la Chine ayant repris sa stratégie d'isolement diplomatique depuis l'élection de la présidente Tsai Ing-wen en 2016. En 2021, pour tenter d'échapper aux sanctions de l'ONU en se rapprochant d'un allié de poids, le Nicaragua, très isolé sur la scène internationale, a reconnu la République populaire de Chine et rompu ses relations avec Taïwan. Le Vatican, qui n'est pas membre de l'ONU mais observateur, est le seul État exerçant une influence globale qui n'a pas rompu ses relations diplomatiques avec Taïwan, même si la tentation de se rapprocher de Pékin, pour mieux soutenir le catholicisme chinois, est forte autour du pape François*.

La stratégie de Pékin : marginaliser Taïwan dans les organisations internationales

Plus grave, l'éviction de Taïwan de l'ONU limite aussi sa représentation au sein des grandes agences de l'organisation multilatérale, où Pékin dispose d'un droit de veto en tant que membre permanent du Conseil de sécurité et d'une influence forte auprès d'un nombre

* Les États qui ont des relations diplomatiques avec la République de Chine en 2022 sont le Belize, l'Eswatini (Swaziland), le Guatemala, Haïti, le Honduras, les îles Marshall, Nauru, Palau, le Paraguay, Saint-Kitts-et-Nevis, Sainte-Lucie, Saint-Vincent-et-les-Grenadines, Tuvalu et le Vatican.

important d'États membres. Le régime chinois use de cette influence et de ce pouvoir pour accorder, ou non, à Taïwan, des « avantages diplomatiques » en fonction des orientations du parti au pouvoir à Taipei. Les gouvernements contrôlés par le Kuomintang que Pékin préfère coïncident en général avec une politique plus souple de la part de la RPC. Au contraire, lorsque les indépendantistes sont au pouvoir, comme c'est le cas depuis 2016, la RPC durcit ses positions. L'objectif est à la fois de réduire la surface diplomatique de Taïwan et d'exercer un chantage en démontrant à la population de l'île qu'élire un gouvernement indépendantiste a des conséquences négatives.

La résolution 2758, adoptée en 1971, accordait la représentation de la Chine à l'ONU à la République populaire de Chine. En revanche, elle ne disait rien d'un rejet de toute participation de Taïwan aux organisations internationales dépendant de l'ONU. Pékin impose toutefois une interprétation stricte de la résolution qui interdit à Taïwan toute participation, sous quelque nom que ce soit. La Chine populaire utilise également cette arme pour « punir » ou « récompenser » les autorités taïwanaises en fonction de leur position par rapport à la RPC. La pression diplomatique est bien plus forte lorsque le parti indépendantiste est au pouvoir.

L'un des objectifs de Pékin en s'emparant de postes clés au sein des organisations internationales dépendant de l'ONU est d'accroître ses moyens de pression et d'interdiction concernant Taïwan. Le soutien du bloc africain à l'ONU, et plus globalement des pays du Sud qui partagent les mêmes « valeurs », a permis à la RPC de considérablement renforcer son influence*.

En tirant parti de son poids économique et diplomatique, la Chine est aujourd'hui à la tête de quatre des quinze commissions dépendant de l'ONU, seul pays membre du Conseil de sécurité à détenir plus d'une direction. Elle préside les Commissions de l'aviation civile internationale, de l'alimentation et de l'agriculture, du développement industriel et des télécommunications internationales. La Chine a également été à la tête de l'OMS, avec Margaret Chan, de 2013 à 2016, et a fortement soutenu la candidature de l'actuel directeur de l'organisation, Tedros Adhanom Ghebreyesus, élu en 2017. Ces positions renforcent considérablement les capacités d'influence de la RPC sur la question de Taïwan.

En 2013, la RPC a imposé l'éviction de Taïwan de l'International Civil Aviation Organization (ICAO). Pendant sa présidence, de 2015 à 2021, la Chine a eu comme premier objectif de bloquer toute nouvelle représentation de Taïwan en tant qu'observateur. Le cas le plus emblématique demeure celui de l'OMS, où la Chine, en dépit de la pandémie de Covid-19 et de la globalisation des menaces sanitaires, interdit toute

* Ainsi, au mois de novembre 2011, le Bureau d'information du Conseil d'État (bras étatique du Bureau de la propagande du Comité central du Parti communiste) a réuni à Pékin le deuxième « South-South Human Rights Forum », qui prévoit de mettre en œuvre la « déclaration de Pékin », qui rejette le principe d'universalité des valeurs, défend le droit au développement et à la subsistance comme un droit équivalent aux Droits de l'homme et le principe d'indépendance de choix pour chaque pays.

évolution en faveur du rétablissement du statut d'observateur à l'Assemblée générale de l'OMS, que Taïwan avait détenu jusqu'en 2016.

Si Taïwan n'a pu obtenir le soutien de l'OMS en raison de l'influence de Pékin sur l'organisation, l'image de Taïwan et la légitimité de sa demande se sont considérablement renforcées en raison de la pandémie de Covid-19. Le refus de l'OMS de prendre en compte les informations fournies par Taipei dès le début du mois de janvier 2020 sur les risques de transmission humaine du virus, alors que la RPC relativisait cette possibilité, a pesé très négativement sur l'image de l'organisation et sa marge de manœuvre face à Pékin.

Dans un communiqué publié le 5 mai 2021, les pays du G7 (Allemagne, Canada, États-Unis, France, Italie, Japon et Royaume-Uni) se sont prononcés pour un rôle significatif de Taïwan en tant qu'État observateur à l'Assemblée générale de l'OMS en mettant en avant les succès de Taïwan dans le traitement de la pandémie[1]. Si la tentative a échoué, elle témoigne d'une dégradation de l'image de la Chine. En dépit des efforts de Pékin, la question de la représentation de Taïwan dans les instances internationales n'est plus taboue.

La riposte de Taïwan : une diplomatie fondée sur des valeurs

Taïwan a longtemps tenté de conserver une surface diplomatique significative en jouant la « diplomatie du chéquier », luttant avec Pékin à coups d'offres de prêt et d'aide au développement. Certains États comme le Tchad s'étaient fait une spécialité du changement d'allégeance pour tenter d'obtenir de nouvelles aides. En 2016, la Gambie ainsi que Sao Tomé-et-Principe s'étaient tournés sans succès vers Taïwan pour tenter de marchander une surenchère diplomatique après les offres financières de Pékin. Le Kuomintang était favorable à cette stratégie pour tenter de conserver le maximum de relations diplomatiques officielles. Le DPP indépendantiste a choisi, lui, d'abandonner une « diplomatie du chéquier » dont les résultats sont très limités depuis que la Chine est devenue deuxième puissance économique mondiale et dispose de moyens considérables qu'elle peut utiliser hors de tout contrôle démocratique.

À partir de 2016, Taïwan a donc choisi de mettre en avant le renforcement des liens existants, quel que soit leur niveau, en s'appuyant sur le concept de « diplomatie de qualité », et de renoncer à préserver à tout prix ses dernières ambassades, dont le maintien demeure à la merci des pressions de Pékin. Les deux éléments de cette diplomatie sont l'adhésion aux valeurs communes de la démocratie et des Droits de l'homme et la sécurité économique pour un développement durable. Toutefois, la perte de toutes ses relations diplomatiques officielles aurait des conséquences dommageables sur la capacité de Taïwan à faire poser des questions importantes à l'ONU ou au sein des grandes organisations multilatérales qui lui sont interdites. Pékin le sait, et joue de cette menace d'éradication totale pour accroître sa pression psychologique sur l'île.

Les « représentations » de Taïwan à l'étranger

Si Taïwan a de moins en moins de relations diplomatiques « officielles », l'absence d'ambassade ne signifie pas pour l'île absence totale de relations diplomatiques. Sous des noms divers tels que « Représentation économique et culturelle » ou « Bureau de commerce », la République de Chine est représentée dans 58 pays ayant un siège à l'ONU, et auprès de l'Union européenne. Nommés par le ministère taïwanais des Affaires étrangères, les représentants de ces ambassades de fait ont un statut diplomatique et les chefs de mission, le statut d'ambassadeur. La question du nom de ces représentations est un sujet de contentieux avec Pékin, qui tente d'imposer la dénomination « Représentation (ou bureau) de Taipei » afin de symboliquement rogner un peu plus la reconnaissance de « Taïwan ». Toutefois, les choses changent. Avant même la Lituanie en Europe, qui a accepté le nom « Taïwan » pour le nouveau bureau ouvert en 2021, l'île avait ouvert une première « Représentation de Taïwan » en 2021 au Somaliland, avec qui elle partage d'ailleurs le statut d'État non reconnu.

Dans ce petit État « de fait » de la corne de l'Afrique, Taïwan, qui a été évincé de la quasi-totalité du continent africain par le bulldozer économique chinois, met en place un nouveau modèle de coopération, réunissant les autorités gouvernementales, la communauté d'affaire et les ONG pour contribuer au développement des capacités, plus qu'à la construction d'infrastructures coûteuses selon le modèle chinois exporté avec les Routes de la soie[2].

En dépit de sa marginalisation diplomatique, la cause de la représentation de Taïwan bénéficie d'un soutien croissant. Alors qu'en 1971 l'éviction de la République de Chine de l'ONU apparaissait comme une évidence en raison de la disproportion territoriale et démographique avec la République populaire de Chine, en 2022, c'est la nécessité de donner une place plus grande à la démocratie taïwanaise au sein de l'ONU et de ses organisations multilatérales qui s'invite progressivement dans les débats.

Une légitimité croissante dans le monde

La Chine exerce une pression constante sur les États avec lesquels elle entretient des relations diplomatiques, pour tenter de limiter sinon interdire toute relation avec Taïwan. Pékin s'oppose tout particulièrement à ce qui s'apparente à un renversement de tendance, signe de son échec diplomatique. Dernier exemple en Europe, en 2021, les relations entre la Chine et la Lituanie se sont profondément dégradées autour de la question de la représentation de Taïwan inaugurée à Vilnius. L'ambassadeur de Lituanie en Chine a été rappelé, suivi au mois de décembre de tout le personnel diplomatique. La Chine voulait punir la Lituanie d'avoir accepté l'ouverture de cette « Représentation de Taïwan ». Dans des termes grandiloquents, Pékin dénonce une action qui « porte atteinte à la souveraineté et à l'intégrité territoriale de la Chine ». C'est le choix du nom « Taïwan », plutôt que « *Chinese Taipei* » et le refus de la Lituanie de céder qui ont provoqué cette réaction particulièrement vive de la part des autorités chinoises. Mais là encore, c'est l'image de Taïwan qui en est sortie renforcée sur la scène internationale.

La Chine a utilisé son arme favorite du boycott, en bloquant l'importation de produits en provenance de Lituanie. La RPC utilise régulièrement cette arme du boycott contre les pays qu'elle souhaite pénaliser. Ainsi, après que le prix Nobel de la paix eut été attribué à Liu Xiaobo en 2010, la Chine a boycotté les importations de saumon en provenance de Norvège, officiellement pour des raisons sanitaires. De même, en 2019, la Chine a fortement réduit ses importations d'acier, de gaz et de vin australiens pour « punir » les autorités australiennes qui demandaient une enquête internationale sur l'origine du virus du Covid-19. Au cours de l'été 2021, ce sont les importations d'ananas en provenance de Taïwan qui ont à leur tour été frappées de boycott par Pékin. L'arme économique est en effet celle qui a longtemps le plus inquiété les partenaires de la Chine, fascinés par l'importance du marché chinois et effrayés à l'idée d'en perdre l'accès et, face à cette menace, Taïwan ne faisait pas le poids. Mais les choses ont changé.

En refusant de céder aux pressions chinoises, la Lituanie – qui avait déjà quitté le groupe 17 + 1 des pays européens favorables à Pékin – a proclamé sa volonté de rompre une relation de trop grande dépendance à l'égard de la RPC. Face à l'autocratie chinoise, les autorités lituaniennes soulignent le caractère démocratique de Taïwan comme facteur de rapprochement autour de valeurs communes. Par ailleurs, et c'est une nouveauté, les pressions chinoises n'ont pas rencontré les réactions de crainte attendues dans le reste de l'Union européenne. L'image de la Chine s'en est trouvée encore plus dégradée et, loin de céder, Bruxelles a choisi de porter le cas devant l'OMC. Comme Poutine, Xi Jinping sous-évalue les capacités de résistance des démocraties européennes et c'est une leçon qu'il devra retenir pour l'avenir.

Toutefois, les pressions commerciales et diplomatiques exercées par les autorités chinoises contre la Lituanie sont caractéristiques de la stratégie suivie par Pékin avec tous les États pour tenter de limiter les interactions avec Taïwan et renforcer la marginalisation de l'île sur la scène internationale. Alors que la RPC ne s'était pas opposée aux bureaux d'échanges culturels et commerciaux que Taïwan a ouverts dans 57 pays pour remplacer les ambassades fermées après l'établissement de relations diplomatiques avec Pékin, dans le cas de la Lituanie, la Chine a tenté d'imposer de nouvelles lignes rouges. Par ses protestations, la RPC a l'ambition en réalité d'interdire l'ouverture de nouveaux bureaux de Taïwan à l'étranger.

La pression que la Chine exerce sur les États qui la reconnaissent a aussi pour objectif d'interdire les ventes d'armes et toute coopération militaire avec Taïwan, en dehors des États-Unis. En 2020, alors que la France s'apprête à fournir à Taïwan des systèmes d'armes lui permettant de mettre à niveau les six frégates vendues à l'île dans les années 1990, Pékin a tenté de bloquer cette initiative « qui pourrait nuire aux relations entre la Chine et la France » selon les termes habituels. Mais une fois de plus, la Chine s'est heurtée à une fin de non-recevoir de la part des autorités françaises. Si le seuil des ventes d'armes à Taïwan par des puissances européennes n'a pas été franchi, le contrat se limitant à une mise à niveau, l'impatience à l'égard des diktats de Pékin s'exprime plus ouvertement.

Les États-Unis : premier soutien à Taïwan et premier défi pour Pékin

Taïwan est aujourd'hui au cœur des tensions entre la Chine et les États-Unis. Loin des théories d'un « piège de Thucydide » inévitable*, la cause première de ces tensions n'est pas la rivalité de puissance, mais la volonté de Pékin de réduire la marge de manœuvre de la seule puissance extérieure capable de préserver la sécurité et la stabilité dans le détroit de Taïwan en interdisant une action chinoise. Tout scénario de guerre dans le détroit de Taïwan doit prendre en compte l'intervention des États-Unis qui demeurent les premiers soutiens diplomatiques et stratégiques de l'île. Après la déroute en Afghanistan certains doutent de l'engagement américain, devant l'immensité des risques encourus en dépit des assurances réitérées par Washington, surtout depuis la présidence de Donald

* Le concept de piège de Thucydide, popularisé par Graham T. Allison, implique que deux puissances, l'une émergente (la Chine aujourd'hui) et l'autre déclinante (les États-Unis selon la *doxa*) entrent en conflit.

Trump. Le risque d'un scénario qui verrait les États-Unis hésiter à s'engager dans un conflit avec la Chine ne peut être totalement exclu. Ce risque est d'autant plus réel que les capacités de l'APL, si elles ne peuvent garantir une victoire de la RPC en cas de guerre dans le détroit de Taïwan, augmentent potentiellement le coût matériel et humain d'un engagement américain. Les porte-avions américains ne sont plus invulnérables face aux missiles chinois, qui peuvent aussi frapper les bases américaines au Japon jusqu'à Guam. Comme le revendique Pékin, faisant planer la menace d'une escalade incontrôlable, ces missiles peuvent porter des ogives conventionnelles ou nucléaires – et l'on voit que ce risque, comme dans le cas de l'Ukraine, peut être paralysant. Bien sûr, la dissuasion nucléaire joue – comme pendant la guerre froide – un rôle essentiel, puisqu'en frappant les États-Unis, la Chine prendrait le risque de sa propre destruction. Mais la dimension de chantage nucléaire existe : c'est à l'abri de cette capacité de terroriser que la Chine pourrait être tentée d'agir, en comptant sur la « faiblesse des démocraties » soumises à leur opinion publique et incapables de prendre des risques trop coûteux en vies humaines pour défendre une île lointaine.

En dépit de ces doutes, les liens entre Taïwan et les États-Unis demeurent très étroits. Avec l'établissement des relations diplomatiques avec la Chine en 1979, sous la présidence de Jimmy Carter, le traité de défense qui unissait les États-Unis à la ROC depuis 1954 a été abrogé et le Congrès a adopté une loi essentielle, le *Taiwan Relations Act* (TRA), qui pose le cadre des relations commerciales, culturelles et militaires entre les deux ex-alliés. Le TRA impose que toute décision concernant la défense de Taïwan soit prise en accord avec le Congrès, et non par le seul président. Il prévoit que les États-Unis fournissent à Taïwan « les moyens de défense nécessaires pour préserver une capacité d'autodéfense suffisante[3] ».

Le TRA a été complété en 1982 par les « six assurances », qui n'ont toutefois pas force de loi. Mais, en 2016, le Congrès a adopté une résolution non contraignante qui confirme tous les engagements pris. Selon ce texte, aucune date ne peut être fixée pour mettre fin aux fournitures d'armes à Taïwan, aucune consultation avec la Chine sur les ventes d'armes à Taïwan n'est prévue, les États-Unis ne peuvent pas jouer un rôle de médiateur entre Taïwan et la Chine et le TRA ne sera pas révisé[4]. Au mois de novembre 2021, lors d'un entretien en visioconférence avec Xi Jinping, le président américain Joe Biden a réaffirmé que la politique taïwanaise de Washington respectait le principe de la Chine unique, mais était « guidée par le TRA, les trois communiqués communs et les six assurances ». Il a aussi déclaré que les États-Unis étaient absolument opposés aux tentatives unilatérales de remise en cause du *statu quo* ou d'affaiblissement de la stabilité dans le détroit de Taïwan[5].

Les ventes d'armes des États-Unis à Taïwan ne se sont donc jamais interrompues, mais elles ont fluctué en fonction de l'état des relations entre Washington et Pékin et entre les deux rives du détroit. Ainsi, elles ont augmenté d'une manière significative après 1989, avec la répression du mouvement démocratique place Tiananmen à

Pékin et la montée en puissance d'un nationalisme plus agressif en Chine. Elles ont été en revanche réduites lorsque les États-Unis ont souhaité envoyer un signal de modération aux autorités taïwanaises.

Les éléments les plus importants de ces contrats d'armement ont été la fourniture de 150 F16 en 1992, sous la présidence Bush, de 200 systèmes de défense antiaérien PAC2 en 1993, sous la présidence Clinton, de 330 systèmes de défense antimissile PAC3 sous la présidence de George W. Bush, de 90 hélicoptères d'attaque sous la présidence d'Obama. En dépit de son positionnement stratégique en faveur du pivot vers l'Asie, ce dernier bloque toutefois la livraison de 66 F16 commandés par Taïwan et se contente d'accepter la remise à niveau des 145 F16 datant de 1992. C'est Donald Trump qui débloque en 2017 la vente des 66 F16 promis à Taïwan. L'administration Trump fournit également à Taïwan, entre autres, les moyens de renforcer ses capacités de défense et de dissuasion avec 135 missiles sol-air, 100 systèmes de défense côtière Harpoon ainsi que des missiles de croisière et antiradiation capables de frapper précisément les systèmes de transmission électronique de l'adversaire. Poursuivant sur la même voie pour ne pas sembler trop faible face à Pékin, alors que l'opposition à la Chine apparaît comme le seul sujet de consensus bipartisan aux États-Unis, le président Biden a autorisé dès le début de son mandat en 2021 un contrat de fourniture à Taïwan de canons-autoporteurs pour un montant de 750 millions de dollars.

Dans le même temps, les débats sur la posture « d'ambiguïté stratégique » maintenue par les États-Unis dans leur relation avec Taïwan se font plus vifs face à une Chine de plus en plus agressive depuis l'arrivée au pouvoir de Xi Jinping. Le TRA n'offre pas de garantie d'intervention automatique dans le détroit de Taïwan en cas de crise ou de guerre avec la Chine, même s'il déclare que « les États-Unis considéreront tout effort pour déterminer l'avenir de Taïwan par d'autres moyens que des moyens pacifiques, y compris un boycott ou un embargo, comme une menace pour la paix et la sécurité du Pacifique occidental et un sujet de grave préoccupation pour les États-Unis[6] ». En maintenant cette ambiguïté, l'objectif stratégique des États-Unis a longtemps été autant de dissuader la Chine d'attaquer Taïwan que de dissuader Taïwan de franchir le pas d'une déclaration d'indépendance « provocatrice » selon eux. En filigrane, on comprend qu'une action américaine était possible dans le premier cas, mais beaucoup moins certaine si cette action répondait à une déclaration d'indépendance de l'île. La question se pose avec une acuité particulière sous la présidence de Ch'en Shui-pien, le premier leader indépendantiste élu de 2000 à 2008. Les États-Unis craignent alors d'être entraînés malgré eux dans un conflit avec la Chine, qui n'est pas considérée totalement hostile, par un président taïwanais perçu comme trop radical face à Pékin.

Aujourd'hui encore, certains aux États-Unis continuent de s'inquiéter de la poursuite des ventes d'armes à Taïwan, qui selon eux pourraient encourager les autorités taïwanaises à tenir pour acquis un soutien des États-Unis en cas de conflit avec la Chine[7]. Mais en dépit de ces réserves, une non-intervention des États-Unis en cas de crise grave dans le détroit de Taïwan paraît peu probable. En dehors du dommage en termes d'image, si la démocratie américaine refusait de se porter au secours de la démocratie taïwanaise attaquée par Pékin, les conséquences stratégiques seraient considérables et mettraient en danger à plusieurs titres la prééminence des États-Unis en Asie et au-delà.

L'importance stratégique de Taïwan pour les États-Unis

Taïwan occupe une position clé en mer de Chine. Si les forces chinoises s'en emparaient, elles disposeraient d'une voie d'accès directe vers l'océan Pacifique et la vulnérabilité de l'archipel japonais, premier allié de Washington en Asie, et des Philippines, serait considérablement accrue. La Chine pourrait ainsi s'assurer une position dominante en Asie, en exploitant la démonstration de l'impuissance des États-Unis.

Au niveau régional, les alliés de Washington pourraient choisir, soit de se rapprocher de la Chine, surtout si cette dernière adoptait une attitude moins agressive après avoir assuré sa domination sur Taïwan, soit au contraire de se doter de capacités dissuasives qui pourraient aller jusqu'au nucléaire contre une puissance chinoise qui tente de s'imposer. L'Australie, autre allié des États-Unis, et l'Asie du Sud-Est, pourraient aussi reconsidérer leurs relations avec Washington.

Si les États-Unis abandonnaient Taïwan, c'est donc toute la stratégie de réassurance et d'engagement régional des États-Unis face à la Chine, symbolisée par l'accord AUKUS (Australia-United Kingdom-United States) de septembre 2021 entre les États-Unis, l'Australie et le Royaume-Uni pour contenir la Chine qui serait remise en cause. Les conséquences se feraient sentir jusqu'en Europe et au sein de l'Otan, où d'autres alliés des États-Unis s'inquiètent déjà de la capacité de Washington à assurer leur défense. Pour répondre à cette inquiétude, en 2020, un article publié dans la revue *Foreign Affairs* prônait une nouvelle posture de « clarté stratégique » destinée à rassurer Taïwan et les alliés de Washington. Selon les auteurs, seule l'assurance d'une intervention automatique des États-Unis en cas d'attaque contre Taïwan leur semble suffisamment dissuasive face à un pouvoir chinois tenté par l'aventurisme pour conforter sa légitimité[8].

Avec l'élection de Donald Trump en 2016, la posture des États-Unis face à Taïwan a toutefois évolué pour se faire de moins en moins ambiguë, brisant des années de tabous concernant notamment les relations diplomatiques. Dès son élection, le nouveau président a rompu avec des décennies de très grande prudence au nom de la stabilité des relations avec Pékin, et accepté de recevoir directement les félicitations de la présidente taïwanaise Tsai Ing-wen alors que tout contact « officiel » à ce niveau était impossible depuis 1979. Outre la levée de l'embargo sur la livraison de 66 F16 à Taïwan, les forces américaines ont également multiplié les opérations de libre passage dans le détroit de Taïwan pour marquer leur présence face à la Chine.

Au niveau diplomatique, les limites imposées aux échanges avec Taïwan ont également été levées. Le *Asia Reassurance Initiative Act* de 2018 encourage les visites d'officiels américains à Taïwan, défend la participation de Taïwan à toutes les organisations internationales pour lesquelles le statut d'État reconnu n'est pas exigé et demande qu'un statut d'observateur soit accordé à la ROC, notamment à l'OMS, pour les autres organisations[9]. En 2020, en pleine crise du Covid-19, quand les relations entre la Chine et les États-Unis étaient au plus bas, le secrétaire d'État à la santé Alex Azar s'est rendu à Taïwan, ou il a été reçu par la présidente Tsai Ing-wen. Il s'agissait de la première visite d'un responsable américain à ce niveau depuis 1979. C'est également sous Donald Trump que le département d'État a levé les interdictions qui pesaient sur toute rencontre officielle entre diplomates américains et taïwanais. Face à cette offensive, les autorités chinoises ont peu réagi, impuissantes à s'y opposer dans les faits. Les États-Unis soutiennent également la consolidation des relations diplomatiques non officielles de Taïwan, notamment dans la zone Asie-Pacifique mais pas uniquement[10]. En 2021, Washington serait par exemple intervenu auprès de la présidente du Honduras nouvellement élue pour la dissuader de rompre les relations diplomatiques de son pays avec Taïwan pour se rapprocher de la RPC.

L'arrivée au pouvoir de Joe Biden n'a pas interrompu ces évolutions qui vont dans le sens d'une plus grande reconnaissance de Taïwan. Mais ce dernier a multiplié les déclarations surprenantes qui ont toutes donné lieu à des « clarifications » de la part de son entourage. Au mois d'août 2021, il a ainsi affirmé que les États-Unis s'engageaient à défendre l'île comme ils s'engageaient à défendre leurs alliés de l'Otan, alors qu'il n'existe aucun accord de ce type entre Taipei et Washington[11]. Au mois d'octobre, il a à nouveau déclaré que les États-Unis « ont un engagement », sans préciser lequel. Après ces déclarations qui semblaient remettre en cause le principe d'ambiguïté stratégique, la Maison blanche a indiqué que la position des États-Unis n'avait pas changé. Mais dans le même temps, il a été révélé en 2021 qu'un petit nombre de conseillers militaires américains se trouvaient à Taïwan et coopéraient avec leurs homologues des forces armées taïwanaises.

L'ambiguïté, au cœur de la relation entre Taïwan et le Japon

Comme pour les États-Unis, Taïwan occupe une place de plus en plus importante dans la stratégie extérieure du Japon face à la Chine. Nous avons vu que des liens historiques particuliers existent entre Taïwan et l'archipel. La période coloniale n'a pas donné lieu dans l'île aux remises en cause qui se sont exprimées en Chine comme en Corée. Le Japon, qui abrite les plus importantes bases américaines en Asie, et dont l'île de Yonaguni, à la pointe sud-ouest de l'archipel, se situe à 111 km des côtes taïwanaises, se trouve en première ligne en cas de crise entre Pékin et Taipei.

Alors que les tensions se sont accrues entre les deux rives du détroit, la relation avec Taïwan est donc au cœur du débat stratégique au Japon. Au mois de décembre 2021, le Premier ministre Kishida a d'ailleurs annoncé la création d'un poste de responsable chargé de la question de Taïwan au sein du ministère des Affaires étrangères, pour démontrer l'importance accordée par Tokyo à l'évolution de la situation entre Pékin et Taipei. La revue de sécurité annuelle publiée en 2021 place également la Chine au premier rang des menaces, notamment en raison des risques de déstabilisation dans le détroit de Taïwan[12]. Lors de la rencontre qui a eu lieu entre le président Biden et le Premier ministre Suga au mois de juin 2021, le communiqué commun mentionnait, pour la première fois depuis plus de cinquante ans, l'attachement à « la paix et la stabilité dans le détroit de Taïwan ». Cette mention, nouveau mantra des relations nippo-américaines, sera réitérée à l'issue de l'entretien entre Joe Biden et Fumio Kishida au mois de janvier 2022[13]. Avant même d'être élu à la tête du Parti libéral démocrate (PLD) en 2021, Fumio Kishida rappelait lui-même que Taïwan se trouvait sur la ligne de front entre les États-Unis et la Chine et que la stabilité dans le détroit constituerait le prochain problème le plus urgent pour le Japon.

La position du Japon, depuis le rétablissement des relations diplomatiques avec la Chine en 1972, a pourtant longtemps été celle d'une ambiguïté stratégique sur la question de Taïwan. Le communiqué commun publié en 1972 détaille les trois principes qui président à la normalisation des relations entre Tokyo et Pékin. Selon ces principes, le gouvernement japonais reconnaît le gouvernement de la République populaire de Chine comme le seul gouvernement légal de la Chine et le gouvernement japonais « comprend et respecte » la position du gouvernement chinois qui déclare que Taïwan est une partie inaliénable de son territoire. En revanche, le Japon, tout en rompant les relations diplomatiques avec la République de Chine, condition pour établir des relations diplomatiques avec la RPC, conserve des relations « non officielles » avec Taïwan, sous la forme d'échanges économiques et culturels.

Pour le Japon, il s'agissait de préserver à la fois un partenariat privilégié avec Taïwan, alors qu'une large faction du PLD au pouvoir avait noué des liens étroits avec le Kuomintang ; et de ne pas mettre en danger l'alliance avec les États-Unis, pierre angulaire de la sécurité de l'archipel en Asie. Il s'agissait aussi de ne pas s'interdire des relations fonctionnelles avec la République populaire de Chine, dont le poids économique est progressivement devenu considérable. Pendant toute la période des réformes économiques inaugurée par Deng Xiaoping à la fin des années 1970, l'équilibre était facile à maintenir. La volonté du Japon de développer ses liens économiques avec la RPC rejoignait celle d'autres puissances du « camp occidental », au premier rang desquelles les États-Unis eux-mêmes. La Chine ne représentait pas une menace et les relations sino-taïwanaises semblaient s'orienter vers un rapprochement durable.

Exemple de ce jeu d'équilibre, qui précède l'établissement des relations diplomatiques entre Tokyo et Pékin, en 1969, le Premier ministre Eisaku Satō, dans un communiqué commun avec Richard Nixon, déclarait que « le maintien de la paix et de la sécurité dans le détroit de Taïwan constituait aussi un élément important pour la sécurité du Japon », mais il ajoutait ensuite que l'hypothèse d'un conflit était alors « peu probable ». L'engagement de Satō était essentiellement destiné à rassurer les États-Unis, avant le retour de Okinawa à la souveraineté japonaise en 1972, sur leur possibilité de s'appuyer sur les bases américaines dans l'archipel, pour répondre à toute éventualité dans le détroit de Taïwan. Mais les interrogations sur l'étendue du soutien du Japon aux États-Unis en cas de conflit dans le détroit de Taïwan, y compris un soutien purement logistique pour approvisionner les bases américaines dans l'archipel, n'ont pas été levées et se posent avec plus d'acuité aujourd'hui, alors que les relations entre les deux rives du détroit se sont considérablement tendues avec l'accroissement des pressions militaires chinoises*.

* Depuis 2015 et l'adoption de nouvelles lois de défense, les forces d'autodéfense japonaises peuvent en principe participer à des opérations de défense collective à condition que la menace soit suffisamment importante et touche aux intérêts vitaux du Japon. Les débats portent sur le degré de menace que représenterait une action chinoise dans le détroit de Taïwan, qu'il s'agisse d'un embargo, d'un boycott avec riposte américaine, d'une attaque contre les îles éloignées de Taïwan ou d'une attaque directe contre l'île. Les bases américaines au Japon et notamment à Okinawa joueraient un rôle essentiel en cas de conflit.

L'ambiguïté du Japon sur la question de Taïwan a perduré sans véritable questionnement tant que la Chine elle-même avait choisi de focaliser sa stratégie sur l'émergence pacifique. La montée des tensions dans le détroit de Taïwan rend cette posture japonaise beaucoup plus difficile à tenir face aux attentes américaines à l'égard de la menace chinoise.

La question de Taïwan est donc devenue un sujet de débat au sein même du gouvernement japonais et du parti au pouvoir, le PLD. Certains sont favorables à une attitude prudente à l'égard de la Chine, ceci d'autant plus que les milieux économiques attendaient aussi de la croissance chinoise une reprise, au lendemain de la crise du Covid-19. Mais face à ces intérêts favorables à l'apaisement, d'autres acteurs, plus intéressés par les questions stratégiques, ont fait des relations avec Taïwan un point central de leur positionnement, hier contre l'extension du communisme en Asie, aujourd'hui en soutien à une « communauté de valeurs » démocratiques et au système libéral international.

Certains vont encore plus loin et s'interrogent sur la légitimité des États-Unis, du Japon et d'autres grandes démocraties à conserver le principe d'une seule Chine imposé par Pékin[14]. L'intensité et le caractère public du débat dans l'archipel, nourri par une inquiétude croissante dans l'opinion publique face à la stratégie agressive de Pékin, démontre une évolution des mentalités et des orientations en faveur de Taïwan dont l'image est très positive*. Dans les médias et l'opinion publique comme au sommet de l'État, les positions favorables à la démocratie taïwanaise sont de plus en plus nombreuses à s'exprimer. S'il n'y a pas unanimité sur les relations avec la Chine, et si la prudence l'emporte encore, la posture d'ambiguïté laisse progressivement la place à une réflexion plus stratégique, qui porte notamment sur l'utilisation par les États-Unis de leurs bases dans l'archipel en cas de conflit dans le détroit de Taïwan[15]. En matière de sécurité, le facteur principal d'évolution de la posture du Japon demeure en effet les attentes exprimées par Washington dans le cadre de l'alliance.

Au cours d'une conférence de presse au mois de juillet 2021, le vice-Premier ministre Tarō Asō avait déclaré que toute attaque contre Taïwan poserait une « menace existentielle » contre le Japon, déclenchant le recours au principe de « défense collective », autorisé depuis 2015, en soutien aux États-Unis**. En apparence, cette déclaration mettait un terme à l'ambiguïté que les autorités japonaises ont toujours cherché à préserver[16]. Cette prise de position a toutefois été immédiatement remise en cause par le porte-parole du gouvernement qui a défini la situation envisagée comme « hypothétique ».

---

* Le traité de sécurité nippo-américain de 1960, impose aux États-Unis d'obtenir l'accord du Japon pour utiliser ses bases au Japon au service d'opérations militaires extérieures à l'archipel. En maintenant cette ambiguïté, Tokyo espère ne pas heurter de front le partenaire chinois.

** Depuis 2015, les forces d'autodéfense du Japon peuvent être déployées à l'extérieur pour aider un allié ou une nation amie au cas où une agression contre cet allié ou cette nation amie poserait une menace existentielle au Japon.

Pour le moment, en cas de conflit dans le détroit de Taïwan, les États-Unis sont toujours tenus de consulter le Japon pour l'utilisation de leurs bases militaires dans l'archipel.

Pour les tenants d'un engagement moins ambigu, l'importance des voies de transport maritime en mer de Chine pour l'économie du Japon et la proximité territoriale font, par nature, de toute attaque contre l'île une menace existentielle. Le ministre de la Défense Nobuo Kishi, connu pour des positions très favorables à Taïwan, président jusqu'à l'automne 2021 du groupe d'amitié Japon-ROC de la Diète, déclarait en avril 2021 que « la paix et la stabilité dans le détroit de Taïwan sont directement liés à la sécurité du Japon ». Quant à son frère Shinzo Abe, à la tête de la plus importante faction du PLD depuis qu'il n'est plus Premier ministre, il multiplie les déclarations et les témoignages d'engagement en faveur de Taïwan. Mais ces prises de position se heurtent aussi à une opinion publique très largement isolationniste, inquiète de voir le pays se transformer en cible d'éventuelles frappes chinoises en cas de guerre avec Taïwan. Elles s'inscrivent aussi dans les jeux de rivalité interne au sein du PLD, entre tenant d'une posture plus radicalement nationaliste et hostile à la Chine, et une faction modérée qui a longtemps privilégié des relations plus apaisées avec Pékin.

Cette proximité avec Taïwan est d'autant plus fréquente dans les milieux plus nationalistes, que les Taïwanais de souche, que ce soit hier le président Lee Teng-hui, qui parlait japonais et a étudié à Tokyo, ou les milieux indépendantistes, ont un positionnement plutôt favorable au Japon. Contrairement à ce qui se passe en Corée du Sud, la mémoire historique à Taïwan demeure d'abord marquée par les exactions commises par les Chinois du continent, plus que par le Japon impérial à l'époque coloniale. Autre sujet, sur la question des îles Senkaku (Diaoyu) revendiquées par la Chine mais territoire japonais depuis 1894, Taïwan conserve un positionnement de principe identique à celui de Pékin. Toutefois, les tensions sont beaucoup moins fortes et un accord sur les zones de pêche a pu être signé avec le gouvernement japonais avec l'arrivée au pouvoir du DPP.

Dans l'opinion publique, la perception du Japon à Taïwan et de Taïwan au Japon est particulièrement positive, favorable à plus de 80 %, et entretenue par les échanges touristiques. En 2019, 5 millions de Taïwanais se sont ainsi rendus au Japon et 2 millions de Japonais à Taïwan[17]. Toutefois, le Japon demeure très vulnérable aux pressions de Pékin, qui joue de la dépendance de l'archipel à l'économie chinoise. Ainsi, au niveau économique, aucun accord bilatéral de libre-échange, en discussion depuis 2001, n'a été signé entre Tokyo et Taipei et la candidature de Taïwan au CPTPP, posée à l'automne 2021, ne pourra pas être examinée, ni concrétisée avant celle de la République populaire de Chine.

Mais au-delà du Japon, Taïwan a également développé dans sa région un réseau de soutien qui contribue à conforter sa légitimité et son existence face à la Chine.

Élargir les partenariats vers l'Indo-Pacifique : l'Inde et l'Asie du Sud-Est

En 2016, la présidente Tsai Ing-wen a relancé la politique d'orientation vers le Sud, initialement entreprise par le président Lee Teng-hui dans les années 1990. L'objectif est de diversifier les risques et de réduire la dépendance à l'égard de la République populaire de Chine, dont Pékin tente de jouer pour peser sur les décisions politiques à Taïwan. Au mois d'octobre 2021, à l'occasion du Forum Yushan, la présidente, vantant la « démocratie vibrante et la puissance économique de Taïwan », a rappelé que cette nouvelle politique d'orientation vers le Sud (*New Southbound Policy*, NSP) était au cœur de l'engagement de Taïwan vers l'Asie, et notamment en direction de l'ASEAN et de l'Inde. La NSP s'appuie sur quatre piliers : l'économie et les échanges commerciaux, l'échange de talents et l'éducation, le partage des ressources et la connectivité régionale. Ce dernier chapitre couvre en réalité l'extension des échanges officiels et l'élargissement du périmètre de la reconnaissance « officieuse » de l'île grâce à la signature de nouveaux accords, la participation aux organisations multilatérales et le développement de la coopération bilatérale. Il s'agit pour Taïwan, en dépit des pressions exercées par Pékin sur l'ensemble de ses partenaires, notamment en Asie du Sud-Est, d'être mieux intégré aux ensembles économiques régionaux en contribuant à la construction d'infrastructures, en mobilisant les PME taïwanaises pour des investissements, en accédant aussi à de nouveaux marchés. Le pilier du partage des ressources concerne la santé, l'éducation, l'agriculture et les technologies. Dans tous ces domaines, particulièrement depuis la pandémie de Covid-19, Taïwan se positionne comme un modèle d'ouverture et de transparence, en opposition avec la République populaire de Chine dont les « Routes de la soie de la santé » sont de véritables bulldozers d'influence idéologiques.

La politique de Taïwan en direction de l'ASEAN est particulièrement dynamique pour plusieurs raisons qui tiennent aux intérêts économiques et à la proximité culturelle dans des pays où d'importantes communautés de Chinois d'outre-mer, elles-mêmes très présentes dans l'économie, peuvent servir de relais. Taïwan a beaucoup investi dans l'accueil des étudiants étrangers, avec la multiplication des bourses d'étude. Il existe également une importante immigration de travail en provenance d'Asie du Sud-Est, qui comble un déficit de main-d'œuvre dans une île dont le taux de natalité est très bas, comme dans toutes les régions développées d'Asie, du Japon à la Corée du Sud en passant par les grandes villes chinoises. En 2018, avant l'épidémie de Covid-19, 250 000 Indonésiens travaillaient à Taïwan[18].

Économiquement, l'ASEAN représente 86 % des exportations taïwanaises en direction des pays cibles de la NSP. Dans la région, les principaux partenaires sont Singapour, avec qui Taïwan a pu signer en 2013, sous la présidence de Ma Ying-jeou, un de ses rares accords de libre-échange, le Vietnam et la Malaisie[19]. Paradoxalement, alors que les Philippines de Duarte s'étaient rapprochées de Pékin, c'est avec Manille que Taïwan a également pu signer un nouvel accord d'investissement en 2017. C'est également avec Singapour et les Philippines que Taïwan jouit du niveau le plus élevé de représentation diplomatique officieuse. Avec Singapour, les échanges au niveau politique sont très étroits. Il existe également une coopération militaire avec un accord d'échanges et de coopération en matière de défense et de sécurité signé en 2019 et réactivé en 2021. Cet accord prévoit notamment l'entraînement de forces singapouriennes à Taïwan.

L'Indonésie et la Malaisie sont également des partenaires importants, alors que le Cambodge, le Laos, la Birmanie (Myanmar) ou la Thaïlande, plus proches et dépendant de Pékin, sont moins engagés. Taïwan n'a ainsi pas de représentation au Laos et au Cambodge.

En revanche, pour des raisons stratégiques, et en dépit de la différence de régime, le Vietnam a également développé des liens plus étroits avec Taïwan. Comme les Philippines, le Vietnam s'oppose à la RPC sur la question de la mer de Chine méridionale et les tensions sont fortes et récurrentes. Sur ce sujet sensible, Taïwan a une position très différente de celle de Pékin, bien que, officiellement, la République de Chine n'ait pas abandonné ses revendications, fondées sur une carte publiée par le gouvernement nationaliste en 1947 : elle les a suspendues en 2005 pour une durée indéterminée.

Par ailleurs, contrairement à la Chine, Taïwan n'a jamais utilisé la force et les pressions militaires pour imposer ses « droits » sur les îles de la mer de Chine méridionale*. En dépit de la différence de régime, et de la volonté des autorités vietnamiennes de ne pas s'opposer frontalement au « régime frère » de Pékin, les liens entre le Vietnam et Taïwan sont étroits. Le nombre d'étudiants vietnamiens à Taïwan, de 17 334 en 2020, était le plus élevé, derrière celui des étudiants chinois continentaux. Économiquement, le Vietnam est une cible privilégiée de la NSP pour les entreprises taïwanaises. En 2015, un forum destiné à promouvoir la coopération économique entre Hanoi et Taipei a réuni plus de 500 participants. En 2021, Foxconn, dont la principale zone d'activité a toujours été la Chine, a investi plus de 1,5 milliard de dollars au Vietnam et prévoit d'y créer 10 000 emplois.

L'Inde, dans une moindre mesure, fait aussi parti des cibles de la NSP mise en œuvre par Taïwan, et New Delhi a exprimé son intérêt pour un renforcement de ses relations avec Taïwan. Là encore, une commune inquiétude face à la Chine, qui multiplie les pressions contre Taipei mais aussi contre New Delhi, est un facteur important. En Inde, des incidents militaires graves

* En mer de Chine méridionale, Taïwan administre l'archipel des Pratas (Dongsha). La première carte traçant les limites d'une « ligne en 11 points » (aujourd'hui dite ligne en 9 points) revendiquée par la République de Chine en mer de Chine méridionale a été publiée en 1936 par Bai Meichu, fondateur de la Société de géographie chinoise, dans le contexte de la guerre avec le Japon.

ont eu lieu aux frontières himalayennes avec la Chine en 2017 puis en 2020. L'argument des « valeurs partagées » et de la démocratie est également mis en avant tant par New Delhi que par Taipei.

L'Inde est un acteur majeur sur la scène internationale, auprès des pays émergents et au sein de la Quad, format de sécurité non contraignant qui regroupe l'Inde, les États-Unis, le Japon et l'Australie. À ce titre, New Delhi est un partenaire important pour Taïwan. C'est sous la présidence de Lee Teng-hui, et alors que le Premier ministre indien de l'époque, Narasimha Rao, se lançait dans une politique de réformes économiques, que des relations diplomatiques officieuses ont été établies entre Taipei et New Delhi. Le rapprochement s'est accéléré après 2016 et l'élection de Tsai Ing-wen. Des délégations de parlementaires indiens se sont même rendues à Taïwan, au nom de la défense de la démocratie. Des visites de haut niveau ont à nouveau eu lieu en 2017, avec celles du vice-ministre indien des Affaires économiques, du vice-ministre de la Santé, puis du vice-ministre de l'Éducation, les trois secteurs sur lesquels repose la NSP mise en œuvre par Taïwan. En 2020, deux membres du parlement indien ont également participé virtuellement à la cérémonie d'investiture de la présidente Tsai Ing-wen. Cette évolution est soutenue par la société civile en Inde, et notamment la presse, particulièrement depuis la pandémie de Covid-19, où Taïwan est apparu beaucoup plus transparent et responsable que la Chine. En revanche, au niveau économique, si les échanges se sont accrus, ils demeurent limités. L'Inde demeure moins attractive pour les investisseurs taïwanais à la recherche de relocalisation que l'Asie du Sud-Est. Pour l'année fiscale 2020-2021, les échanges avec l'Inde n'ont pas dépassé 5,6 milliards de dollars. Les investissements taïwanais y sont également encore peu développés. Toutefois, le mouvement de découplage avec la Chine dans le secteur des hautes technologies stratégiques comme les semi-conducteurs joue un rôle favorable au développement des investissements taïwanais en Inde et au développement des relations[20].

L'Union européenne de plus en plus favorable à Taïwan

L'évolution de la position de l'Union européenne, sur laquelle la Chine a longtemps cru pouvoir s'appuyer, est particulièrement remarquable. Au mois d'octobre 2021, le Parlement européen a massivement adopté une résolution appelant à l'approfondissement des relations avec Taïwan. Dans son discours prononcé devant ce même Parlement, Josep Borrell, haut représentant de l'UE pour les affaires étrangères, a souligné l'importance de l'engagement européen avec Taïwan et dénoncé les pressions accrues de la Chine, qui selon ses termes, ont un impact direct sur la sécurité et la prospérité de l'UE. L'Europe a donc intérêt à la préservation du *statu quo* entre les deux rives du détroit.

Surtout, dans son discours, Josep Borrell décrit Taïwan comme « un partenaire qui partage nos valeurs » et déclare que l'Union européenne soutient un système de gouvernance fondé sur « la démocratie, les Droits de l'homme, l'État de droit, une société ouverte et l'économie de marché ». L'objectif est de renforcer les échanges « dans tous les domaines ». La coopération doit s'étendre, notamment pour renforcer la résilience des chaînes d'approvisionnement pour les biens sensibles comme les microprocesseurs, ou lutter contre la désinformation. Ces objectifs sont en accord avec la stratégie de l'Union européenne pour la coopération dans l'Indo-Pacifique présentée au Parlement européen au mois de septembre 2021[21].

Cette évolution, impensable il y a quelques années, s'explique notamment par les pressions de plus en plus choquantes exercées par Pékin sur des États membres de l'Union ou des parlementaires qui ont exprimé leur soutien à la démocratie taïwanaise. En la matière comme dans d'autres, la tactique des « loups combattants »* a beaucoup nui aux positions chinoises.

Certains États européens s'inquiètent des répercussions économiques de cette évolution des instances de l'UE, mais globalement, les réactions démontrent que, face à une Chine plus agressive et qui se referme, le positionnement de l'UE et de ses États membres sur la question de Taïwan est désormais plus offensif.

Les pressions chinoises, très contre-productives, s'exercent sur les parlements de l'Union européenne

* Il s'agit d'une tactique agressive où les diplomates chinois ont mission de riposter violemment à toute position considérée comme hostile aux intérêts de Pékin.

et des États-membres qui n'hésitent plus à envoyer des délégations à Taïwan. Au mois d'octobre 2021, une délégation de parlementaires de l'Union européenne, dont Raphaël Glucksmann, s'est rendue à Taïwan pour rencontrer la présidente Tsai Ing-wen. S'affranchissant de décennies de diktats de Pékin, des parlementaires tchèques et français se sont également rendus officiellement à Taïwan, en 2020 et en 2021, où ils ont aussi rencontré la présidente. À cette occasion, le président du Sénat tchèque a mentionné son soutien aux valeurs démocratiques défendues à Taïwan et par l'ancien président – et dissident tchèque – Václav Havel. De même, lors de la visite de la délégation de sénateurs français menés par Alain Richard, ancien ministre de la Défense et membre du parti présidentiel LREM, c'est à nouveau la communauté de valeurs qui a été mise en avant et la volonté de résister aux pressions chinoises. De son côté, le ministre des Affaires étrangères Le Drian refusait de s'opposer à cette visite, que Pékin tentait d'entraver, au nom du principe de séparation des pouvoirs. L'évolution des positions de la France, première grande puissance à reconnaître la République populaire de Chine en 1964, est particulièrement dommageable pour la Chine qui ne peut que déplorer l'affaiblissement de « l'esprit gaullien » systématiquement mis en avant par Pékin pour tenter d'affaiblir les critiques.

Très clairement, l'affichage aux côtés de Taïwan apparaît désormais comme très positif, alors que le soutien au régime chinois est de moins en moins bien perçu dans les opinions publiques et les médias occidentaux. De son côté, Taïwan a inauguré en 2019 le « Club Formose » qui regroupe les groupes d'amitié avec Taïwan du Parlement européen et des parlements français, allemand et britannique.

La manière brutale dont la Chine a imposé la reprise en main de Hong Kong en dépit des garanties données en 1997 a également joué dans cette évolution de l'Union européenne sur la question de Taïwan. Le Parlement européen a été particulièrement actif dans son soutien à Hong Kong en publiant des résolutions et la dénonciation du coup de force de Pékin pour reprendre le contrôle absolu de l'ex-colonie britannique. Le Parlement a notamment souligné que c'est l'abandon de fait du principe « un pays deux systèmes » par Pékin qui a grandement aliéné la population de Taïwan.

Le monde en développement est-il totalement perdu ?

Dans d'autres régions du monde, Afrique, Amérique latine ou Pacifique, où se trouvent les derniers États qui ont maintenu des relations diplomatiques avec la ROC en dehors du Vatican, la position de Taïwan s'est beaucoup réduite. Auprès de ces États pauvres et vulnérables, les valeurs de la démocratie et de la transparence, et le refus de poursuivre une stratégie de séduction d'élites corrompues ont fortement nui aux positions diplomatiques officielles de Taïwan, incapable de lutter avec le rouleau compresseur financier de Pékin. En Afrique, la stratégie de marginalisation diplomatique mise en œuvre par la RPC a parfaitement réussi. Toutefois, là encore, en se référant à une communauté de valeurs, le Somaliland, État sécessionniste de la Somalie non reconnu internationalement, et la République de Chine ont ouvert des quasi-représentations diplomatiques le 17 août 2021, qui marquent peut-être une forme de retour de Taïwan en Afrique, à l'heure où les mirages des Routes de la soie et le piège de la dette avec Pékin suscitent des inquiétudes dans les pays où une société civile peut s'exprimer plus librement[22].

Mais la politique africaine de Taïwan s'appuie aussi sur un programme d'aide au développement qui remonte à la fin des années 1950. En 1959, sous le nom d'opération « Vanguard », la République de Chine a mis en place un programme d'assistance technique et de coopération dans le secteur agricole, dont l'Afrique a été un des premiers bénéficiaires.

Ce programme s'est poursuivi sous d'autres formes, avec les pays qui conservaient des relations diplomatiques avec Taipei. À partir de 1996, la coopération s'est faite sous l'égide du Fonds de développement et de coopération international de Taïwan (International Cooperation Development Fund, ICDF) qui s'appuie sur les éléments suivants : prêts et investissements, notamment pour la construction d'infrastructures, aide à l'agriculture, contribution au bien-être social, coopération technique, aide humanitaire, y compris dans la santé publique, qui a pris une importance plus grande encore avec la pandémie de Covid-19, et éducation ou formation. La mission du fonds est de remédier à la pauvreté, renforcer les Droits de l'homme et soutenir un développement durable, rejoignant les objectifs de « qualité » mis en avant par d'autres grandes démocraties en Europe, aux États-Unis ou au Japon dans leur politique d'aide au développement. En revanche, Taïwan suspend désormais son aide aux pays qui ont récemment choisi d'abandonner Taïwan pour la RPC.

En Afrique, l'Eswatini (ex-Swaziland) seul État à avoir des relations diplomatiques officielles avec Taïwan, et le Somaliland, sont les principaux destinataires de ce programme. En Amérique latine, ce sont le Guatemala et le Paraguay, alors que le Nicaragua, qui a reconnu la République populaire de Chine en 2021, en a été exclu. Dans le Pacifique, les partenaires diplomatiques de Taïwan, Tuvalu, Nauru et les îles Marshall, sont les principaux destinataires des fonds, mais Fidji, qui n'a pas de relations diplomatiques avec Taïwan, est également destinataire, quoique dans une moindre mesure. La question de la rupture des relations diplomatiques avec Taïwan et de l'allégeance aux autorités à la République populaire de Chine, sur fonds d'accusation de corruption, est par ailleurs au cœur des tensions qui ont secoué les îles Salomon en 2019.

La Russie, partenaire impossible avec Vladimir Poutine

Isolée sur la scène internationale, soumise aux sanctions occidentales depuis 2014, la Russie s'est rapprochée de la République populaire de Chine en forgeant un partenariat stratégique étroit avec Pékin. La guerre d'Ukraine, en précipitant la Russie dans une fuite en avant délétère, a fermé la porte à tout rapprochement avec Taïwan. La présidente Tsai Ing-wen a immédiatement déclaré que Taïwan se joignait aux démocraties dans l'application des sanctions. Pourtant, des relations non officielles entre la Fédération de Russie et Taïwan ont été établies dans les années 1990. Signé par Boris Eltsine en 1992, au lendemain de l'effondrement de l'URSS, le décret sur les relations entre la Fédération de Russie et Taïwan avait permis l'ouverture des Bureaux de la Commission pour la coordination économique et culturelle à Moscou en 1993 puis à Taïwan en 1996[23].

L'URSS avait été le premier pays à reconnaître officiellement la République populaire de Chine le 1er octobre 1949, à rompre les relations diplomatiques avec la ROC et à dénoncer le traité d'amitié et de coopération qui les liait depuis 1945. Mais ce lien idéologique initial n'avait pas empêché de très fortes tensions entre Moscou et Pékin dans les années 1960 et 1970. L'un des points de contentieux était la tiédeur du soutien soviétique aux velléités de conquête, par la Chine de Mao, des îlots contrôlés par Taïwan. Moscou, engagé dans un processus de détente avec le camp occidental, et peu soucieux d'être entraîné dans un conflit avec les États-Unis, s'inquiétait du caractère imprévisible de la Chine communiste. C'est dès cette époque que des liens commerciaux indirects ont été tissés avec la République de Chine à Taïwan, passant par des partenaires extérieurs à Hong Kong, au Japon ou en Allemagne de l'Ouest (RFA)[24].

Si les liens entre la Russie de Vladimir Poutine et la Chine de Xi Jinping se sont ensuite fortement resserrés, avant même la guerre en Ukraine, toute ambiguïté n'avait pas totalement disparu sur la question de Taïwan. Certains experts russes mettaient en avant le poids économique de l'île et la complémentarité entre les économies russes, fournisseur de matière première, et taïwanaise, fournisseur de biens de consommation et de haute technologie. Plusieurs accords de coopération avaient été signés sur les liaisons maritimes et aériennes et la protection des investissements des petites et moyennes entreprises. Le montant des échanges directs, 4,25 milliards de dollars en 2020, demeure limité, moins de 1 % des échanges pour Taïwan. Toutefois, ce montant ne prend pas en compte les échanges portant sur les produits taïwanais, produits sur le continent par des entreprises taïwanaises, et exportés en Russie. Les conséquences de la guerre en Ukraine et l'application des sanctions ne pourront que réduire encore ces échanges.

Taïwan de son côté avait multiplié les invitations en direction des personnalités russes de premier plan. Symboliquement, Mikhaïl Gorbatchev s'était rendu en 2010 à Taïwan, où il avait défendu devant le *yuan* législatif « l'évolution graduelle vers la démocratie », qui correspond au modèle taïwanais de démocratisation[25]. Vladimir Poutine lui-même, alors proche du maire de Saint-Pétersbourg, avait rencontré en 1990 Ch'en Shui-pien, maire de Taipei avant de devenir président de la République.

Depuis, la Russie de Vladimir Poutine, qui met en scène son rapprochement stratégique avec Pékin, a multiplié les déclarations qui rassurent son homologue chinois. Le traité de coopération et de bon voisinage renouvelé le 28 juin 2021 réaffirme l'assurance que, pour Moscou, Taïwan est une partie inaliénable de la Chine et que la Russie s'oppose à toute forme d'indépendance de Taïwan. En revanche, en dépit d'une montée en puissance de la coopération militaire entre les deux pays, la Russie ne s'engage pas dans un soutien plus important à la Chine pour une éventuelle réunification, et n'a pas rompu ses relations « officieuses » avec Taipei. Comme dans le cas de ses relations avec l'Inde et le Vietnam, la Russie semble vouloir conserver son libre arbitre.

La guerre en Ukraine a rebattu les cartes, mais si Vladimir Poutine devait un jour laisser la place à une équipe moins coupée des réalités du monde, rien n'interdirait la poursuite des relations entre Taipei et Moscou.

CHAPITRE 7

Résister à la Chine : Taïwan face à la guerre d'influence

Dans une guerre d'influence, Pékin mobilise tous les moyens de pressions possibles, militaires mais aussi civils, pour peser sur l'avenir de Taïwan. Il s'agit de manipuler l'opinion publique, de créer et d'élargir les divisions internes, de financer et d'utiliser des groupes d'intérêts dans une stratégie de front uni que le Parti communiste chinois expérimente non pas depuis Xi Jinping mais depuis les années 1920. La RPC s'insère aussi dans le jeu politique interne, en soutenant les partis favorables à la réunification, ou au moins plus favorables à la Chine comme le Kuomintang. Longtemps seul face à ces menaces, Taïwan apparaît au contraire aujourd'hui comme une sorte de laboratoire des guerres nouvelles, auxquelles toutes les démocraties peuvent être confrontées. En réalité, en recourant à ces moyens universels de pression, qui ne sont pas que menace militaire, la Chine a réintroduit Taïwan dans le débat stratégique mondial : la question n'est plus uniquement de savoir comment répondre à une attaque militaire de la Chine contre Taïwan, ce qui ferait des États-Unis quasiment les seuls acteurs, mais comment les démocraties occidentales peuvent collectivement s'inspirer des réponses de Taïwan aux manœuvres de déstabilisation chinoise tout en apportant un soutien, notamment en matière d'information ou de normes, à la mesure de leurs capacités.

Désinformation et manipulation : les grandes manœuvres de Pékin

La guerre de l'information est au cœur de la pensée stratégique chinoise. Elle conjugue des pratiques léninistes d'agit-prop et de front uni avec les références aux classiques de la stratégie comme Sun Zi, qui prône la victoire « sans combattre » sur un ennemi « vaincu par avance »[1]. Pour les stratèges chinois, dans l'idéal, Taïwan doit tomber « comme un fruit mûr » qui n'aurait même plus la volonté de s'opposer aux demandes chinoises. Cette stratégie de séduction des élites nationalistes est ancienne. Dès la fondation du Parti communiste en 1921, les politiques de front uni en direction du Kuomintang et de la bourgeoisie nationaliste ont été un des éléments fondamentaux de la conquête du pouvoir par le Parti communiste. Cette stratégie de front uni et d'influence, mise en œuvre par le Département de la propagande du Parti communiste, s'est poursuivie en direction de Taïwan où elle a pu jouer de la nostalgie des Chinois continentaux réfugiés sur l'île après 1949. Elle connaît un développement très significatif depuis que le processus de démocratisation de l'île, et l'arrivée au pouvoir du parti indépendantiste, ont fait de la manipulation de l'opinion un instrument essentiel dans les stratégies d'unification menées par la RPC[2]. Tous les éléments de cette stratégie de « séduction » sont exposés dans la loi anti-sécession adoptée par l'APN en 2005, dont l'article 6 mentionne notamment le développement des échanges « pour une meilleure confiance mutuelle » ; échanges économiques pour favoriser des liens encore plus étroits, échanges dans les domaines de l'éducation, de la culture, de la santé pour « porter en avant les fières traditions culturelles chinoises » et enfin toute activité favorable à la paix dans le détroit « grâce à des relations toujours plus étroites »[3].

La pensée stratégique chinoise contemporaine privilégie les moyens de la guerre hybride dans un contexte d'asymétrie de puissance face aux États-Unis, dont l'intervention aux côtés de Taïwan en cas de conflit est forcément prise en compte. La « guerre de l'information en temps de paix » contre tout adversaire, à commencer par Taïwan, constitue l'un des moyens privilégiés de rééquilibrage du rapport de force. La Chine tente d'exploiter ce qui constitue à la fois le point fort mais aussi la faiblesse de la démocratie taïwanaise qui est – comme toutes les démocraties – sa très grande ouverture.

Ces opérations de désinformation et de manipulation ne sont donc pas nouvelles, mais elles ont connu un développement important depuis la fin des années

1980, avec l'ouverture du champ politique et médiatique de l'île et plus encore avec l'émergence de nouveaux moyens de communication comme les réseaux sociaux, qui jouent un rôle de démultiplicateur des stratégies d'influence que le régime chinois manie sur son propre territoire comme à l'extérieur.

Parmi les thématiques de ces campagnes de désinformation et d'influence, on retrouve plusieurs éléments qui visent à démoraliser l'adversaire en faisant paraître la puissance chinoise comme irrésistible et la « réunification » comme inévitable. Ce type de campagne est relayée en toute bonne foi par ceux qui, aux États-Unis notamment, trouvent aussi un intérêt à présenter la puissance chinoise et ses capacités militaires comme quasiment équivalentes à celle des États-Unis. L'objectif est de tirer une sonnette d'alarme et d'obtenir un accroissement des budgets de la défense. Mais le risque est le découragement face à un ennemi difficile à vaincre. À Taïwan même, nombreux sont les anciens militaires, parfois de bonne foi, qui soulignent à l'envi la faiblesse des capacités de l'île, incapable de résister à une offensive chinoise. La guerre en Ukraine a fourni de nouveaux arguments à ces campagnes de démoralisation. Les partis les plus proches de Pékin, dont une partie du Kuomintang, relaient un discours qui fait de Taïwan l'Ukraine de demain, poussant à un rapprochement pacifique avec Pékin. Mais le résultat de ces campagnes est peu probant, et au contraire ce sont les manifestations contre la guerre en Ukraine et pour la défense des démocraties qui semblent l'emporter à Taipei.

Contre les fake news *:*
cyber-attaques et médias traditionnels

Un autre élément de la stratégie d'influence de la RPC à Taïwan est la diffusion de fausses informations sur le DPP et la présidente Tsai Ing-wen pour tenter de les délégitimer dans l'opinion publique. La présidente taïwanaise a par exemple été la cible de campagnes visant à discréditer son action contre le Covid-19* et à mettre en doute son niveau d'étude et son doctorat obtenu à la LSE de Londres.

Internet a décuplé les capacités d'action des groupes contrôlés ou manipulés par le Département de la propagande du Parti communiste chinois. Ces actions sont d'autant plus faciles à mettre en œuvre que, depuis la démocratisation, la société taïwanaise est une des plus ouvertes et que les médias y sont particulièrement libres, tout en étant soumis à une forte concurrence qui rend parfois plus faciles les opérations d'influences fondées sur des financements utilisés comme moyens de pression.

Taïwan est également la cible de cyberattaques en provenance soit du continent, soit de pays comme la

---

* La Chine s'est assuré le monopole de la distribution des vaccins Pfizer – qu'elle refuse d'utiliser – sur tout son territoire pour s'imposer comme seul interlocuteur à Taïwan. Taïwan étant « chinois » selon Pékin, Pfizer ne peut plus y exporter directement.

Malaisie, où d'importantes communautés de Chinois d'outre-mer sont présentes. En Chine même, les organes du Parti communiste, liés à l'APL, peuvent agir directement, ou soutenir des groupes nationalistes très actifs sur Internet, comme le groupe dit des Little Pinks (*xiaofenhong* 小粉红), qui contribue à diffuser de fausses informations. Ces groupes ont été particulièrement actifs pour discréditer la stratégie taïwanaise de lutte contre la pandémie de Covid-19, les autorités taïwanaises étant accusées de dissimuler la réalité du nombre des victimes ou de refuser des doses de vaccin offertes par la Chine[4]. La Chine peut mobiliser aussi, pour manipuler l'information, ses propres réseaux sociaux comme Wechat, dont les posts sont repris dans l'île, ou des fermes de contenu qui inondent les publics cibles de fausses informations. Celles-ci transitent par plusieurs vecteurs conventionnels ou plus nouveaux comme les applications ou les groupes de discussion de la messagerie Line, très présente à Taïwan. Selon une étude récente, plus de la moitié des fausses informations diffusées sur Line proviennent directement de Chine[5].

Les médias traditionnels, les réseaux sociaux, mais aussi les partis politiques et les milieux d'affaires sont les principales cibles de ces offensives chinoises. Ainsi, la Chine a pu accroître son influence dans les groupes de médias taïwanais en prenant indirectement le contrôle d'un certain nombre de titres et des chaînes de télévision qui y sont rattachées. C'est le cas notamment du groupe China Times (Want Want) proche de Pékin[6]. L'objectif est de consolider à Taïwan des réseaux d'influence qui servent directement les intérêts de la RPC.

MANIPULATIONS POLITIQUES

La Chine utilise également l'influence qu'elle peut exercer sur des partis politiques minoritaires, mais aux positions très favorables à la République populaire de Chine, ou sur des hommes politiques et anciens militaires nostalgiques de l'époque de Chiang Kaï-shek, quand la question de l'indépendance de Taïwan ne pouvait être débattue. Les moyens de pression sur les individus sont l'argent, les jeux de hasard ou les invitations sur le continent dans des conditions particulièrement séduisantes ou flatteuses. Dans le cas des partis politiques, la Chine utilise les donations, invitations sur le continent, les réseaux sociaux pour soutenir les partis ou les candidats qui semblent les plus favorables aux positions chinoises. En dehors du KMT, sur douze partis politiques à Taïwan, quatre peuvent être considérés, dans des proportions plus ou moins radicales, comme favorables à l'unification*.

Très favorable aux positions chinoises, et maniant des thèmes populistes anti-élites, comme la supposée corruption des candidats du DPP, largement repris là encore sur les réseaux sociaux, Han Kuo-yu, candidat

* Il s'agit par ordre d'importance du People's First Party, du Labor Party, du New Party et de For Public Good Party. Leur influence est extrêmement faible, ils n'ont aucune représentation au niveau national.

du Kuomintang, a vu son déficit de popularité largement comblé en 2018, lors des élections municipales, grâce à un fort soutien sur les réseaux sociaux qui a considérablement accru sa notoriété. Son élection a été très largement due à cette notoriété soudaine, résultat de la multiplication des « like » provenant de « fermes à clics » du continent. En revanche, cette proximité avec Pékin et son action peu probante à la tête de Kaohsiung dont il était devenu maire l'ont desservi, en pleine crise de Hong Kong, lors de l'élection présidentielle de 2020 remportée par la candidate indépendantiste Tsai Ing-wen.

Le Kuomintang : le parti favori de Pékin

Mais la Chine joue également de son influence sur le Kuomintang, le parti nationaliste. Si ce dernier tente de se renouveler, après l'échec des élections de 2016 et 2020, il partage toujours avec les dirigeants chinois le principe d'une seule Chine. C'est le « camp bleu » (*pan blue*) soutenu par Pékin, en dépit de l'histoire et des divergences politiques. Comme les dirigeants chinois, le Kuomintang est hostile à toute évolution qui – même symboliquement – consolide l'indépendance de fait de Taïwan. En 2020, il s'est par exemple opposé à l'émission de nouveaux passeports sur lesquels, en anglais, la mention « République de Chine » a quasiment disparu au profit de Taïwan.

Contrairement au DPP, Ma Ying-jeou, président de la République de 2008 à 2016, s'appuie au contraire sur le prétendu consensus de 1992, dans sa version taïwanaise qui fait de la République de Chine la Chine unique, pour « apaiser » Pékin, institutionnaliser les relations entre les deux rives et développer les échanges, au nom du développement économique de l'île. Le mot d'ordre de sa présidence, dans les relations avec le continent : « Pas d'unification, pas d'indépendance, pas d'usage de la force. »

À la veille de sa réélection en 2012, Ma Ying-jeou multiplie les déclarations proches de la position chinoise sur l'unicité de la Chine. Lors d'une conférence prononcée devant un *think tank* américain, il déclare que « la pierre angulaire de sa politique de détente entre les deux rives du détroit est fondée sur le “consensus de 1992”, c'est-à-dire une Chine, deux perspectives. C'est le seul moyen d'avancer[7] ». Souhaitant le maintien du Kuomintang au pouvoir, Pékin met en œuvre une stratégie de front uni qui accorde à Ma Ying-jeou un certain nombre de concessions, notamment diplomatiques. Pendant quelques années, la Chine réduit ainsi son offensive contre les quelques pays qui entretiennent encore des liens diplomatiques avec l'île. La RPC a également permis à Taïwan de participer à un nombre très limité d'organisations internationales en obtenant le statut d'observateur à l'OMS et à l'International Civil Aviation Organisation (ICAO). Ces « avancées » récompensaient la volonté du Kuomintang de défendre le principe d'une seule Chine en se rapprochant de Pékin, tout en augmentant son assise politique en tant que seul parti capable d'obtenir des concessions de la capitale.

C'est dans le secteur économique que les avancées offertes par Pékin sont particulièrement importantes, la RPC souhaitant séduire un peu plus les responsables économiques de l'île, appelés à tirer tous les bénéfices possibles d'un rapprochement avec le continent. Entre 2008 et 2012, douze accords sont signés entre les deux rives du détroit[8]. C'est également en 2009, après l'élection de Ma Ying-jeou, que les « trois relations directes », commerciales, aériennes et postales, entre Taïwan et le Continent sont établies, à la grande satisfaction des entrepreneurs taïwanais établis sur le continent – dont le nombre, après la crise financière de 2008, s'est encore accru.

En 2010, toujours sous la présidence Ma Ying-jeou, un accord-cadre de coopération économique (ECFA) est signé entre les deux rives du détroit. Cet accord prévoit un taux d'imposition préférentiel pour 539 produits et services taïwanais et 267 produits et services chinois. Mais aux yeux des indépendantistes, l'accord signé par le Kuomintang, soucieux de tout faire pour se rapprocher de Pékin, est perçu comme un instrument de la guerre d'influence menée par Pékin afin de créer les conditions d'une unification de fait avec l'île. Toutefois, en dépit de ces limites, soulignées par les dirigeants du DPP, l'accord demeure soutenu par les milieux économiques taïwanais et n'a pas été remis en cause après l'élection de Tsai Ing-wen.

Mais la signature de l'accord ECFA sans consultation de la population taïwanaise entraîne un fort mouvement d'opposition à Ma Ying-jeou, notamment dans la jeunesse taïwanaise, inquiète des conséquences de l'accord sur l'emploi, et des risques de dissolution de l'identité taïwanaise. Le président, favori de Pékin, connaît une forte chute de sa popularité après sa réélection en 2012 et 66 % de la population se déclare opposée à une de ses déclarations, dans laquelle il affirme, en 2013, que « les relations entre les deux rives du détroit ne sont pas du domaine des relations internationales », semblant entériner l'appartenance de Taïwan à la Chine[9]. À la veille des élections législatives et présidentielles de 2016, Ma Ying-jeou va jusqu'à accepter une rencontre avec Xi Jinping, la première entre deux présidents de la République de Chine et de la République populaire de Chine depuis 1949, dans l'espoir de renforcer son image de meilleur candidat pour stabiliser les relations avec le continent. C'est un échec, Xi Jinping n'étant prêt à aucune concession sur la reconnaissance de l'autonomie et de la spécificité démocratique de Taïwan, et l'une des causes de sa non-réélection. Par ailleurs, si les contacts directs entre les deux rives du détroit sont favorisés, ils ne se traduisent pas toujours par une perception plus positive de la Chine. Au contraire, même les hommes d'affaires qui en bénéficient constatent la corruption endémique, l'absence de règles. Les familles taïwanaises qui ont des proches sur le continent sont confrontées à des demandes constantes de soutien et d'argent. Tout ceci est loin d'être favorable à l'image de la Chine et de son système politique.

La révolte de la jeunesse et le mouvement des Tournesols

En 2014, le mouvement des Tournesols à Taïwan mobilise des dizaines de milliers d'étudiants opposés à la logique de rapprochement avec la Chine défendue par le Kuomintang. Le mouvement des Tournesols mobilise les jeunes, mais il est soutenu à plus de 53 % par la population. Le mouvement éclate au mois de mars 2014, quand des centaines d'étudiants prennent possession du Parlement pour s'opposer à la signature du traité de libre-échange avec la Chine. Pendant plusieurs mois, le mouvement gagne du terrain. Il reflète des préoccupations de justice sociale, d'identité contre la Chine, qui vont au-delà des préoccupations commerciales liées à l'accord de libre-échange. Au cours des mois et des années qui suivent, des groupes se constituent, qui prolongent le mouvement, comme « La jeunesse contre l'oppression » ou la « Formoshock society ». Les réseaux sociaux jouent un rôle dans la visibilité du mouvement, mais il est également soutenu par le DPP, qui surfe sur les aspirations de la jeunesse à la démocratie directe. C'est l'exacte antithèse du « centralisme démocratique » imposé sur le continent, qui a aussi marqué le Kuomintang. Pour les élections locales de 2014, le DPP lance un programme de soutien aux jeunes candidats qui se présentent pour la première fois, sans leur imposer d'adhérer au parti[10]. Cette proximité avec les préoccupations de la jeunesse sera l'une des raisons de la victoire du DPP contre le Kuomintang en 2016.

Le soutien affirmé de Pékin au candidat nationaliste lors des élections de 2016 puis de 2020, et ses échecs, minent un peu plus la légitimité du Kuomintang, accusé de soutenir un régime de moins en moins défendable depuis l'arrivée au pouvoir de Xi Jinping. Le mouvement des Parapluies à Hong Kong en 2014, prolongement de celui des Tournesols à Taïwan, met en évidence le caractère de plus en plus répressif et de moins en moins acceptable du régime chinois pour une population et une jeunesse qui adhèrent pleinement au système démocratique. Face à Pékin, qui n'hésite pas à revenir sur l'autonomie en théorie accordée à Hong Kong lors de la rétrocession à la Chine en 1997, et à bafouer les fondements du concept « un pays deux systèmes » en imposant une loi de sécurité liberticide, Taïwan apparaît de plus en plus comme un rempart. Confronté à cette radicalisation du régime chinois, le KMT lui-même s'est désolidarisé pour tenter de regagner une légitimité au sein de l'électorat taïwanais.

En 2020, la défaite de son candidat ouvertement soutenu par Pékin, en pleine crise de la démocratie à Hong Kong, a entraîné une évolution au sein du KMT. Élu président du parti en 2020, Chiang Chi-chen, né en 1972 à Taichung, est le symbole de cette évolution qui voit une génération plus jeune et née sur l'île tenter de s'imposer face aux vétérans du parti, dont de nombreux militaires à la retraite, opposés à toute évolution qui s'éloignerait du principe d'unité de la Chine.

Pour la nouvelle génération du Kuomintang, et les mouvements de jeunesse du parti, l'accent doit être mis sur la différence de nature entre le régime chinois et la démocratie taïwanaise. Le nouveau président du parti déclare à peine élu que son « principe de base » est d'adhérer aux valeurs du système libre et démocratique de la République de Chine. Pékin de son côté exige de Chiang Chi-chen qu'il affirme clairement son soutien au « consensus de 1992 ». Un groupe de travail sur les relations entre les deux rives est mis en place avec comme objectif la réforme du KMT. Le rapport final rejette l'indépendance mais aussi le principe « un pays deux systèmes » qui a été bafoué à Hong Kong par la Chine. Le projet du groupe de travail précisait que le consensus de 1992 ne constituait pas une base pour les futurs échanges entre les deux rives, mais que ceux-ci devaient être fondés sur la souveraineté de la République de Chine, le respect de sa Constitution, la liberté, la démocratie et les Droits de l'homme, la sécurité de Taïwan et le développement de relations économiques gagnant-gagnant avec le continent. C'était une avancée considérable de la part du Kuomintang sur la question des relations avec la Chine.

Sous la pression de la frange la plus traditionaliste du KMT, derrière Ma Ying-jeou et Lien Chan, soutenus par la RPC, les conclusions adoptées sont toutefois en retrait. Elles mentionnent en effet le « consensus de 1992 ». Mais en dépit de cette reculade, c'est bien la spécificité démocratique de Taïwan qui s'impose au sein même du Kuomintang[11].

La violence de la répression à Hong Kong, le mépris manifesté pour les engagements pris, le renforcement du contrôle idéologique sur le continent et la multiplication des provocations militaires de la part de Pékin ont fortement contribué à cette évolution interne du Kuomintang, seul moyen pour le parti nationaliste d'espérer regagner une part de son électorat, favorable à la stabilité mais de plus en plus hostile à tout discours trop ouvertement prochinois.

La limitation des contacts entre les deux rives du détroit

Depuis l'élection de Tsai Ing-wen et du DPP, la Chine a également mis en place des mesures visant à réduire, sinon à totalement interdire, les visites de plus en plus nombreuses des Chinois du continent à Taïwan au risque de saboter l'un des instruments du rapprochement pacifique entre les deux rives, par la multiplication des contacts. Les voyages individuels vers l'île avaient été autorisés en 2011 par les autorités chinoises pour les habitants de 47 villes du continent alors que le KMT était au pouvoir. Ces visiteurs individuels s'ajoutaient aux voyages en groupe et ont représenté en 2015 près de 33 % des touristes étrangers à Taïwan. Le 31 juillet 2019, le ministère de la Culture et du Tourisme de la RPC a interdit les voyages individuels vers Taïwan « en raison de la situation ». En 2019, le tourisme chinois s'est effondré de 57 %. Les voyages en groupe, toujours autorisés, ont également chuté de 60 %. Pour Pékin, il s'agissait, dès 2019, à la veille de nouvelles élections présidentielles et législatives dans l'île, de tenter d'exercer des pressions sur Taïwan en faisant peser le coût d'un effondrement des ressources touristiques sur le maintien au pouvoir du DPP et de Tsai Ing-wen. En 2017, les revenus du tourisme en provenance du continent représentaient en effet 2,2 % du PNB de l'île, et une ressource très importante pour certaines villes particulièrement prisées des visiteurs du continent. La situation a encore empiré avec l'épidémie de Covid et la stratégie de fermeture quasi totale des frontières suivie par la RPC. Depuis le mois d'août 2020, la Chine ne délivre quasiment plus de nouveaux passeports et les règles draconiennes de quarantaine au retour dissuadent toute velléité de tourisme à l'étranger, y compris à Taïwan.

À cette volonté de punir Taïwan s'ajoutait la crainte de la « contamination » des idées démocratiques qui s'expriment librement dans l'île, particulièrement alors que les tensions et la répression se renforçaient à Hong Kong. Taïwan constitue en effet une porte d'entrée pour des informations libres sur la situation réelle en Chine même et à Hong Kong à l'heure où les autorités chinoises ont renforcé leur contrôle sur les médias et le réseau Internet.

Cette même volonté de contrôle explique également la très forte réduction du nombre d'étudiants continentaux dans l'île. En 2011, les étudiants chinois de République populaire de Chine ont été autorisés à étudier à Taïwan. Si les universités taïwanaises n'imposaient pas de quota, le ministère chinois de l'Éducation à Pékin contrôle le nombre d'étudiants autorisés à aller étudier à Taïwan et a progressivement imposé des limites plus strictes, jusqu'à ce que la pandémie de Covid interrompe les échanges. En 2015, au nombre de 42 000, les étudiants chinois représentaient 35 % de la totalité des étudiants étrangers dans l'île. Ce chiffre est tombé à 25 000 et 20 % du total en 2019. L'arrivée au pouvoir du DPP, et là encore la volonté de pression sur les autorités taïwanaises, explique cet effondrement imposé par Pékin. Avant même les élections de 2020, les quotas définis par le ministère de l'Éducation en Chine étaient beaucoup moins importants pour les établissements situés dans des villes contrôlées par le DPP.

Pourtant, 72 des 157 universités publiques et privées que compte l'île avaient signé un engagement de coopération avec la Chine assurant que leur programme ne comportait aucun élément « sensible » ou touchant à « l'indépendance de Taïwan ». Les institutions privées étaient d'autant plus prêtes à se prêter à ces exigences que les étudiants chinois représentaient une part croissante de leur revenu[12].

Défense de Taïwan face à un débarquement (2022)

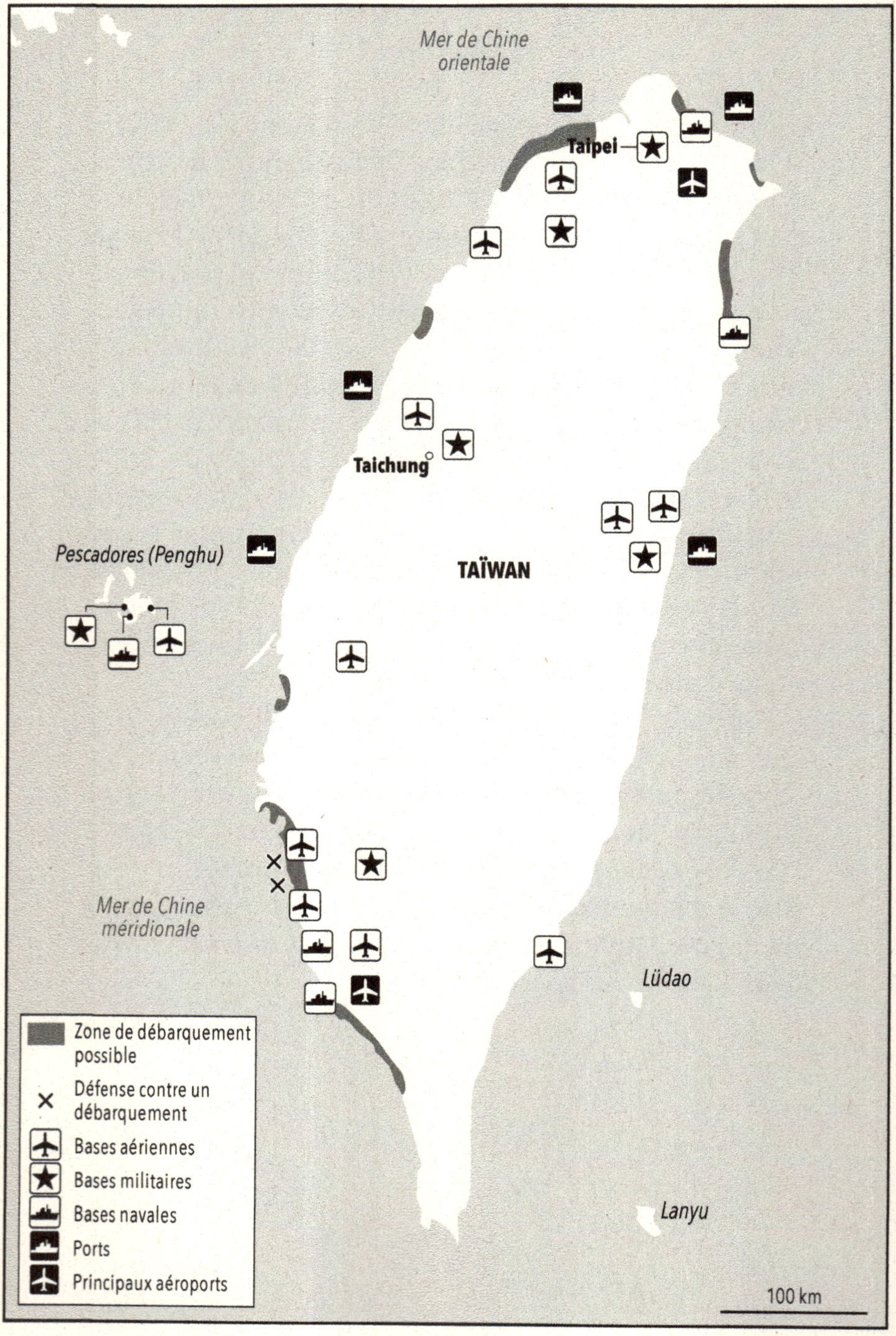

CHAPITRE 8

David contre Goliath

La Chine n'a jamais renoncé à ses menaces de recours à la force contre Taïwan, même aux périodes les moins tendues, lorsque la RPC tentait de séduire ses habitants, ses hommes d'affaires et ses partis politiques prochinois dans l'espoir de voir l'île céder sans résistance. Pour les stratèges chinois, le recours à la force pour reconquérir l'île est d'autant plus légitime, que le maintien de l'ordre ou la mise au pas d'une province rebelle est la prérogative du pouvoir central, communiste aujourd'hui, impérial hier. Comme le proclame la Constitution de la RPC « Taïwan fait partie du territoire sacré de la RPC. C'est la mission sacrée de tout le peuple chinois, y compris nos compatriotes de Taïwan, d'accomplir la grande tâche de réunification de la patrie[1] ». Dans ces conditions « s'opposer et contenir la menace d'indépendance de Taïwan[2] » est au cœur des objectifs de défense nationale.

Taïwan fait donc face à une véritable menace existentielle crédibilisée par le développement remarquable, quantitatif et qualitatif, des capacités militaires de la RPC depuis la fin des années 1990. L'échec des manœuvres d'intimidation militaires de Pékin sur l'île en 1995-1996 avait mis en évidence la faiblesse des forces chinoises. Depuis, Pékin fait tout pour combler ce déficit capacitaire, y compris en recourant aux moyens de la guerre hybride et psychologique[3].

Une menace militaire à prendre en compte

Depuis plus de trente ans, la Chine développe ses capacités, dans sa volonté de crédibiliser ses capacités de conquête de l'île, face aux forces taïwanaises, mais aussi face aux États-Unis. Le commandement du théâtre oriental (East Theater Command), basé à Nankin, en première ligne face à Taïwan, a multiplié depuis 2020, et ce en dépit de la pandémie de Covid, les exercices combinant l'ensemble de ses capacités, qui visent à combler le déficit d'expérience de l'APL en situation de combat réel[4]. Numériquement, les forces de l'APL sont démesurées face à celles de Taïwan : même si on ne prend en compte que les forces potentiellement impliquées dans le détroit de Taïwan, la RPC dispose de 416 000 hommes, Taïwan, de 88 000 ; 2 porte-avions pour la Chine, aucun à Taïwan ; 66 destroyers et frégates côté chinois, 26 pour Taïwan ; 33 sous-marins diesels en Chine contre 2, obsolètes, à Taïwan ; 2 sous-marins à propulsion nucléaire en Chine, aucun à Taïwan ; 700 avions de combat en Chine contre 400 à Taïwan[5].

Dans ce contexte, plusieurs scénarios d'invasion de Taïwan par la Chine sont en théorie réalisables. L'objectif serait d'obtenir la reddition de l'île le plus rapidement possible, avant que les États-Unis ne soient mobilisés, en tablant sur l'hésitation des démocraties à s'engager dans un conflit majeur avec la puissance chinoise et sur les capacités de dissuasion et d'interdiction que la Chine a développées. Ce scénario serait d'autant plus réalisable que la reddition, dans le sens où l'entend Pékin, pourrait se limiter, au moins dans un premier temps, à la « simple » reconnaissance du principe d'une seule Chine, celle de Pékin, la réunification effective ne venant qu'ultérieurement.

Le budget de la défense de la RPC est de 209 milliards de dollars en 2022, le deuxième dans le monde derrière les États-Unis (768 milliards de dollars). La Chine a considérablement développé l'ensemble de ses capacités militaires, et notamment ses capacités balistiques conventionnelles et nucléaires. Face à Taïwan, ce sont les missiles conventionnels (balistiques et de croisière) qui occupent la première place, mais la toile de fond des capacités nucléaires de la Chine, comme dans la crise ukrainienne avec la Russie, pèse aussi dans l'équation stratégique face aux États-Unis.

Face à Taïwan, on dénombrait en 2020 six bases de missiles conventionnels à courte ou moyenne portée DF 11, DF 15 et DF16, deux bases de missiles DF 21 (portée 1 500 km) à capacité conventionnelle ou nucléaire, ainsi que des bases de missiles de croisière[6]. Si l'on s'en tient aux forces conventionnelles, la Chine dispose donc aujourd'hui face à Taïwan d'une très importante supériorité numérique de plus de 1 500 missiles d'une portée de 600 à 1 000 km. Les États-Unis de leur côté ne disposent pas de ce type de missiles terrestres à portée intermédiaire (500-1 000 km) en raison du traité d'interdiction sino-russe INF dont la Chine n'a jamais fait partie. Washington a dénoncé le traité en 2019, mais trouver des bases de déploiement au sol en Asie est loin d'être facile en raison des réticences des pays potentiels. Plus récemment, la RPC a également déployé des missiles de croisière CJ 10 d'une portée de 1 500 km[7]. La Chine dispose également de lanceurs de roquettes multiples autopropulsés, d'une portée de 130 km à 160 km, équipés de munition à fragmentation efficaces contre les blindés et capables de détruire en un seul tir une surface importante (67 ha). En raison de la largeur du détroit de Taïwan, ces équipements ne pourraient toutefois être déployés qu'après un débarquement réussi.

Les capacités de frappe balistiques sont essentielles car elles permettent en théorie de préparer un débarquement en « décapitant » les autorités civiles et militaires de l'adversaire, ses postes de commandement, les aéroports et les ports. Elles ont également comme objectif de démoraliser et de terroriser la population, entraînant en principe un effondrement rapide de la volonté de résister. C'est la stratégie de la Russie en Ukraine, avec les frappes de missiles hypersoniques, très surdimensionnés mais destinés à faire peur. La démoralisation de l'adversaire peut même survenir avant tout combat avec la diffusion d'informations alarmistes[8]. Pour contrer cette stratégie de démoralisation après la guerre en Ukraine, la présidente Tsai Ing-wen a appelé à la prudence devant toute comparaison hâtive en rappelant que le détroit de plus de 100 km qui sépare la Chine de Taïwan pouvait jouer le rôle de barrière infranchissable.[9]

Un détroit difficile à franchir

En effet, si Taïwan ne s'effondre pas dès les premières frappes de missiles, les capacités de la Chine à organiser et réussir un débarquement dans l'île, puis à en prendre le contrôle, sont beaucoup plus limitées et – dans tous les cas de figure – extrêmement coûteuses. La Chine a développé ses capacités amphibies ces dernières années, mais dans des proportions limitées. La production des navires Yuzhao T71 (19 000 tonnes) et Yushen T75 (36 000 tonnes), qui peuvent transporter une trentaine d'hélicoptères, des véhicules amphibies et plusieurs centaines d'hommes a été lancée, mais demeure limitée à quelques unités, dont le *Hainan*, premier porte-hélicoptères de la série Yushen T75, entré en opération en 2020.

L'essentiel de la flotte chinoise de bâtiments amphibie ne compte qu'une cinquantaine de bâtiments et est encore obsolète, insuffisant pour organiser un roulement continu et transporter, sous le feu de l'ennemi, les milliers de chars, de véhicules blindés, de pièces d'artillerie, leurs pièces de rechange, le carburant et les hommes nécessaires aux opérations. La Chine peut sans doute mobiliser sa flotte de bâtiments civils, flotte marchande et flotte de pêche, mais le nombre de rotations est limité par le nombre de ports sur le continent qui puissent être exclusivement destinés à cette mission. La Chine est donc loin de disposer de la supériorité navale et aérienne qui lui permettrait de lancer, puis de poursuivre, une opération de débarquement à travers un détroit bien plus large que celui qui sépare les côtes françaises du Royaume-Uni. Par ailleurs, en dépit d'une production importante de barges de débarquement et de hovercrafts, la Chine est encore très loin de maîtriser une opération aussi complexe, dans un environnement particulièrement hostile – et ce en dépit d'exercices à grand spectacle, comme celui qui a été très largement diffusé à l'automne 2021, mobilisant l'ensemble des forces. Le principal objectif était d'impressionner l'adversaire et d'exercer une pression psychologique supplémentaire sur la volonté de résistance de Taïwan. Dernier point crucial, comme l'ont montré les difficultés rencontrées par la Russie en Ukraine, la logistique est un facteur majeur que l'APL est encore très loin de maîtriser, même sur son propre territoire.

Quantitativement, l'armée de l'air chinoise est bien plus importante que celle de Taïwan. Mais ses avions sont dans leur large majorité dépassés. La Chine ne dispose que de moins d'une centaine d'avions de troisième et quatrième générations, SU 27 (J 11) et SU 30[10]. Là encore, l'expérience ukrainienne a démontré que les pertes pouvaient être nombreuses et rapides, d'autant que Taïwan et son allié américain ne rencontreraient pas les mêmes difficultés pour imposer une zone d'exclusion aérienne.

L'objectif de Pékin demeure donc de tenter de détruire la flotte d'appareil taïwanais plus moderne, et les aéroports, avant de tenter un débarquement, sans garantie de réussite.

Un blocus difficile à tenir

Pour augmenter la pression sans avoir à combattre directement, la Chine pourrait tenter un blocus de l'île, mais là encore, en dépit de sa supériorité numérique, notamment avec sa flotte de sous-marins, et des moyens offensifs de la guerre des mines, le succès est loin d'être assuré, d'autant plus que la faible profondeur du détroit nuit à la furtivité des sous-marins et augmente considérablement leur vulnérabilité en temps de guerre. Le coût politique et économique du blocus serait également considérable, avec la mise en œuvre de sanctions insupportables pour une économie aussi imbriquée dans l'économie mondiale que l'est l'économie chinoise.

Dans tous ces cas de figure, la Chine aurait également pour objectif d'atteindre la « supériorité informationnelle » en utilisant les moyens offensifs de la guerre électronique et des attaques cybernétiques sur l'ensemble des réseaux de communications de l'adversaire[11]. Mais elle s'exposerait aussi à une contre-offensive visant les centres nerveux de sa propre économie.

La stratégie des « zones grises »

La Chine peut aussi exploiter des tactiques de guerre asymétrique, menant des opérations de « zones grises » qui contribuent à affaiblir et à déstabiliser l'adversaire mais demeurent sous le niveau d'un conflit qui entraînerait quasi automatiquement une intervention des États-Unis. Les actions de zone grise peuvent également pousser les forces taïwanaises à riposter, justifiant ainsi *a posteriori* une éventuelle opération militaire de plus grande envergure de la part de Pékin qui, pour des raisons idéologiques, préfère afficher une posture strictement défensive quel que soit son objectif réel. En dépit de la guerre de Corée, de la guerre sino-indienne de 1962, de l'offensive sur l'Amour en 1969 et de la guerre punitive contre le Vietnam en 1979, la Chine a toujours déclaré qu'elle n'avait jamais livré une guerre d'agression. Comme Poutine prétend le faire en Ukraine, dans tous les cas de figure, la Chine se « défend ».

Très visible, la multiplication des manœuvres chinoises dans la zone d'identification aérienne (ZIDA) de Taïwan impose aux forces taïwanaises de coûteuses opérations de contrôles quasi permanentes. Le but est d'aboutir à l'épuisement des ressources humaines et matérielles de l'adversaire en temps de paix, en l'obligeant à réagir à des intrusions constantes. Prudemment, les incursions de la RPC, sauf exception, se tiennent à distance des côtes taïwanaises, dans l'angle sud-ouest le plus éloigné, pour éviter une prise de risque trop importante tout en maintenant la pression.

Toujours dans le domaine de la guerre hybride, la Chine, nous l'avons vu, utilise massivement les opérations d'influence et de désinformation sur Internet contre Taïwan. À un niveau supérieur, Pékin pourrait également lancer, avec une prise de risque plus élevée, des opérations de cyber-attaque et de hacking contre les intérêts vitaux de l'île. Si l'attaque avait des conséquences graves, elle pourrait toutefois être considérée comme un acte de guerre et la maîtrise de l'escalade serait plus difficile.

Autre stratégie « grise », comme en mer de Chine méridionale face aux Philippines et au Vietnam, la Chine multiplie les opérations de dragage de sable de mer près des îles contrôlées par Taïwan dans le détroit et le long de la ligne médiane de partage. La motivation est double : économique et stratégique. Le sable de mer dragué par la flotte de dragueurs chinois, la première au monde, est consommé en quantités très importantes par l'industrie de la construction, l'un des moteurs de la croissance chinoise.

Mais ces opérations visent aussi à épuiser les forces de garde-côtes taïwanaises, mobilisées jour et nuit pour contrôler les incursions chinoises. En 2019, Taïwan a repoussé 600 incursions de bâtiments chinois, le nombre a atteint près de 4 000 en 2020. Certains jours, des flottilles de plusieurs centaines de dragueurs chinois se rassemblent, augmentant la pression sur les défenses de Taïwan. À plusieurs reprises, les câbles de communication qui relient les îles de l'archipel Matsu ont également été endommagés par les bâtiments chinois[12].

Enfin, la Chine pourrait également accentuer la pression ou tenter de prendre possession des îles que la République de Chine a conservées après s'être réfugiée à Taïwan en 1949 et dont certaines ne sont situées qu'à quelques kilomètres des côtes chinoises, ou en mer de Chine méridionale pour les îles Pratas (Dongsha), à plus de 240 km au sud-ouest des côtes taïwanaises.

Jusqu'aux années 1980, ces îles faisaient partie de la ligne de front entre la Chine et Taïwan. Très fortifiés du côté taïwanais, les groupes d'îles les plus proches des côtes chinoises (Kinmen et Matsu) ont subi régulièrement des tirs d'artillerie dans les années 1950, mais la Chine de Mao Zedong n'a jamais pu s'en emparer. Par la suite, le rapprochement entre les deux rives du détroit et les intérêts économiques de la RPC ont permis d'apaiser la situation. En revanche, Pékin pourrait être tenté d'accentuer la pression sur Taïwan, et de tester la volonté de soutien des États-Unis, particulièrement après la crise ukrainienne si celle-ci devait tourner à l'avantage de la Russie, en s'emparant d'un ou de plusieurs de ces groupes d'îles. Toutefois, même limitée, cette opération représente un risque important d'escalade du conflit auquel la Chine n'est sans doute pas prête aujourd'hui.

Ainsi, si les menaces existent, cela ne signifie pas que la Chine pourrait facilement s'emparer de Taïwan sans dommages majeurs, y compris pour la survie du régime communiste. En cas de conflit, avec la mobilisation de tous les moyens d'observation et d'analyse dans l'espace et le cyber-espace, l'ensemble des opérations préparatoires à l'offensive seraient visibles, non seulement de Taïwan mais également de l'allié américain, et de toutes les puissances qui partagent des informations militaires. La RPC ne pourrait mobiliser ses forces sans risquer une frappe préventive, ou au moins des pressions très fortes et des menaces de sanctions massives mettant en danger la poursuite de son développement économique.

Par ailleurs, si le déséquilibre des forces s'accroît entre la Chine et Taïwan, ce dernier est loin d'être totalement démuni.

Développer les capacités militaires de Taïwan

Taïwan a longtemps négligé le développement de ses capacités militaires, se sentant protégé, sous l'autorité du Kuomintang, par les liens économiques étroits tissés avec la République populaire de Chine. Pendant longtemps, beaucoup ont cru, dans le monde politique et la société taïwanaise, à un changement fondamental du régime chinois, qui interdisait tout retour en arrière et rendait improbable un éventuel « recours à la force », même si cette hypothèse n'a jamais été abandonnée par Pékin.

L'isolement de l'île sur la scène internationale, les pressions exercées par Pékin, a par ailleurs limité les sources d'acquisition de matériel aux seuls États-Unis, en fermant quasiment toute possibilité de coopération militaire avec d'autres puissances comme la France.

Surtout, les forces armées taïwanaises souffrent d'un déficit de reconnaissance dans une population longtemps habituée à la paix, et cela constitue une faiblesse pour se préparer à un éventuel conflit. Politiquement, les forces armées sont encore souvent associées à la période de la dictature et la population jeune, soumise à la conscription, est peu enthousiaste. Elle n'a pas intégré la nécessité de développer les capacités de défense de l'île. Seuls un peu moins de 50 % se déclarent prêts à se battre pour défendre Taïwan ; mais c'est parce que la majorité considère que le risque d'un conflit est très limité*. Depuis 2011, la conscription, maintenue en raison des difficultés de recrutement des soldats d'active, a été réduite à quatre mois, trop peu pour former des soldats à la guerre moderne. Les raisons de la désaffection sont nombreuses, comme dans l'ensemble des pays développés, du manque d'intérêt pour les questions militaires aux rémunérations pas assez attractives. Pour compenser, Taïwan dispose d'une importante force de réserve de plus de 2,2 millions d'hommes, mais celle-ci est peu formée, avec des périodes non systématiques limitées à une semaine par an.

Toutefois, en dépit de ces faiblesses, les spécialistes considèrent que l'armée taïwanaise est bien entraînée, notamment pour les armes techniques comme l'aviation et la marine, et meilleures que leurs homologues sur le

* Les jeunes Sud-Coréens ne sont pas non plus très engagés. Et l'on peut s'interroger, en l'absence de sondages fiables, sur la volonté réelle des Chinois du continent de « mourir pour Taïwan », notamment dans les familles qui n'ont eu qu'un fils.

continent. En termes budgétaires, après des années de baisse, le budget de la défense doit augmenter de 4 % en 2022, pour atteindre 15,1 milliards de dollars. Il représente aujourd'hui un peu moins de 2,5 % du PNB de la République de Chine[13]. Un budget supplémentaire de 8,7 milliards de dollars doit être consacré à l'achat de nouveaux systèmes d'armes pour mieux répondre aux menaces chinoises.

La situation a en effet profondément évolué depuis l'arrivée au pouvoir de Tsai Ing-wen en 2016. Sous la pression constante de la RPC, et pour répondre à la dégradation des relations, Taïwan développe ses capacités et élabore une nouvelle stratégie face à la menace chinoise.

L'objectif de la stratégie de défense de Taïwan est de préserver son existence en tant qu'État indépendant et souverain, dans le cadre de la constitution de la République de Chine. Il ne s'agit plus, comme à l'époque de Chiang Kaï-shek, de se doter des capacités de reconquérir le continent, mais de défendre le territoire administré par Taïwan et qui comprend l'île principale et les archipels de Matsu, Kinmen, Pescadores (Penghu) et Pratas (Dongsha).

Face à une menace chinoise de décapitation des autorités de l'île, la première mission est d'assurer la continuité du gouvernement et des centres de commandement militaire et politique du pays. Un réseau d'abris, de tunnels et de communications renforcées doit permettre de protéger les centres de décision politique et militaire. Un système élargi de délégation de l'autorité (*designated survivor*) en cas de décapitation a également été mis en place, ceci afin d'éviter l'effondrement moral que constituerait l'élimination de tout pouvoir politique légitime à Taïwan[14]. Comme on l'a vu dans la situation ukrainienne, la préservation et la visibilité du président chef de guerre, capable de galvaniser la population, constitue un facteur essentiel dans la volonté de combattre et de résister.

Désormais, Taïwan ne cherche plus à arrêter une éventuelle invasion chinoise loin des côtes, scénario très coûteux en termes de moyens, et de moins en moins crédible avec la montée en puissance des capacités militaires de la Chine. En revanche, renouant avec la pensée stratégique chinoise classique, Taïwan a pour objectif prioritaire de développer des capacités asymétriques, comme l'a déclaré la présidente Tsai en 2020. L'objectif stratégique du Concept de défense globale (Overall Defense Concept, ODC), défini en 2017 puis en 2019, se résume à la formule « défense résolue et dissuasion multidomaine » dans un contexte de ressources limitées. Les priorités sont le développement des capacités militaires, les opérations conjointes, l'exploitation des avantages naturels de Taïwan, dont des côtes peu propices à un débarquement et le relief très montagneux rendent la prise de contrôle difficile, l'utilisation de capacités asymétriques et des infrastructures civiles existantes, notamment dans les secteurs de haute technologie.

Le but est de renforcer les capacités de Taïwan à se défendre et de conserver une force de riposte après une offensive chinoise. Trois niveaux sont pris en compte, la protection des forces qui doivent survivre à l'offensive, une bataille décisive dans la zone littorale et la destruction des forces ennemies dans les zones de débarquement. Toute la panoplie des moyens militaires doit être mobilisée et renforcée, des armes traditionnelles aux moyens les plus récents de la guerre de l'information.

Les armes des forces régulières (chars, avions de dernière génération, navires, sous-marins, missiles de croisière pour des frappes de précision terre-mer) sont essentielles pour contrer les offensives chinoises de « zone grise » en temps de paix, patrouiller dans l'espace aérien et maritime de l'île, renforcer la crédibilité de la volonté et de la capacité de défense de l'île. En raison de leur coût, leur usage doit être précisément défini et leur nombre, limité. En revanche des systèmes d'armes asymétriques bon marché, faciles à remplacer et très nombreux, doivent être développés en parallèle. C'est le cas par exemple des drones, qui ont des usages multiples – et de l'information aux frappes à courte ou plus longue distance –, domaine dans lequel Taïwan doit combler un retard important. C'est le cas également de flottes de bâtiments petits mais très mobiles et nombreux qui pourraient harceler les forces chinoises de débarquement, d'autant plus que les points de débarquement possibles sont peu nombreux. Les mines, maritimes et terrestres, pourraient jouer également un rôle majeur pour briser l'avance ennemie et rendre plus difficile un éventuel blocus[15].

Taïwan prévoit également de renforcer ses capacités C4ISR (*Command, Control, Communications, Computers,*

Intelligence, Surveillance and Reconnaissance) et la capacité de survie de sa chaîne de commandement. Il s'agit de dénier à l'APL la « supériorité informationnelle » que les Chinois veulent contrôler.

Pour les trois armes, terre, air et mer, il s'agit aussi de combler l'obsolescence des moyens, renforcée par les difficultés d'acquisition, y compris de pièces détachées, en dehors des États-Unis en raison des pressions chinoises contre toute vente d'arme à Taïwan. Les forces aériennes taïwanaises disposent de 141 F16, supérieurs aux avions chinois, mais qui datent de 1997. Ils seront complétés avant 2026 par l'acquisition de 66 nouveaux F16 et la mise à niveau progressive de l'ensemble de la flotte. Les mirages 2000 fournis par la France en 1992 souffrent également de problèmes d'entretien, mais en dépit des critiques chinoises Dassault a signé au mois de septembre 2021 un accord de maintenance avec le ministère taïwanais de la Défense, qui devrait se poursuivre jusqu'en 2026.

Pour freiner une invasion chinoise, la marine taïwanaise dispose de son côté de 4 destroyers et 22 frégates, dont 10 frégates Lafayette achetées à la France dans les années 1990. Dans son effort de modernisation sans accès à des fournisseurs extérieurs, Taïwan peut compter sur ses capacités en matière de chantier naval. En 2020, l'entreprise CSBC Corporation a présenté un nouveau modèle de frégate destiné à équiper la marine taïwanaise et les garde-côtes[16]. Ces derniers doivent être également renforcés face à la stratégie chinoise d'incursions en temps de paix, avec la construction d'une flotte d'une centaine de bâtiments au cours des dix prochaines années[17]. Le plan de développement de la marine présenté en 2014 prévoyait l'acquisition de 4 destroyers de plus de 10 000 tonnes, et de frégates capables de patrouiller dans le détroit de Taïwan et de protéger les lignes de communication avec les îles éloignées.

Taïwan a également amorcé en 2020 la production de 8 sous-marins diesels qu'aucun pays ne peut lui fournir. Taïwan ne dispose en effet que de deux sous-marins opérationnels néerlandais qui datent de 1987. Bien que régulièrement mise à niveau, cette capacité sous-marine est très insuffisante pour contrer la flotte chinoise en cas de blocus.

Taïwan dispose aussi d'une capacité de défense antimissiles constituée de systèmes américains PAC2 et PAC3, ainsi que du système Tien Kung (arc céleste) produit localement. Les forces de l'île peuvent également s'appuyer sur un système de surveillance avancée très performant, dont l'objectif est de prévenir toute frappe chinoise aérienne ou balistique. Le système est capable de détecter un nombre élevé de missiles dans un rayon de 3 000 km, des missiles hypersoniques et des objets spatiaux (satellites ou débris). À l'autre extrémité du spectre technologique, Taïwan prévoit d'utiliser une quantité massive de drones de surveillance et d'information[18].

Enfin, l'île se dote d'une capacité de frappe contre des cibles chinoises pour renforcer ses capacités de dissuasion conventionnelle. Les missiles de croisière Hsiung Fung et Yun Feng ont une portée de 1 200 à 1 500 km dans leur version antinavire ou terrestre. L'objectif est de pouvoir frapper les « points forts » de l'ennemi, qui sont aussi ses points de faiblesse en raison de leur importance vitale. C'est particulièrement vrai dans le cas de la Chine, dont les principaux centres économiques et de production industrielle sont concentrés le long des côtes, face à Taïwan, et seraient les premiers touchés en cas de conflit. Des missiles de croisière à plus courte portée, antinavire, sont également destinés à briser les tentatives de débarquement de l'APL*.

Enfin, Taïwan a l'ambition de renforcer les capacités de sa réserve et d'améliorer ses capacités de mobilisation en cas de crise. C'est l'une des principales leçons de la guerre en Ukraine avec l'acquisition de drones, de lance-missiles Stingers et de missiles Javelin. En 2022, le ministère de la Défense met en place une agence dédiée à la mobilisation globale des ressources humaines et matérielles. L'exemple ukrainien a montré que la résistance de la population, sa préparation, son entraînement dans les forces de réserve pouvaient considérablement ralentir l'offensive d'une puissance très supérieure en nombre mais éloignée de ses bases. Et fortement contribuer à démoraliser l'adversaire tout en mobilisant les soutiens extérieurs. En revanche, si le débat existe, la décision d'allonger le service militaire de quatre mois à un an est plus difficile à mettre en œuvre[19].

* Dans les années 1980, la RPC a abandonné la stratégie maoïste de déplacement des centres de production industrielle au-delà de la « troisième ligne de front » à l'intérieur des terres, loin des côtes.

Conclusion

Après avoir détaillé la spécificité de la démocratie taïwanaise, sa vitalité et son audience grandissante sur la scène internationale en dépit de la disproportion de sa puissance avec celle de la RPC, il nous reste à envisager les scénarios possibles d'évolution, sans jamais oublier cet élément de surprise stratégique qui a marqué l'histoire de ces trente-cinq dernières années jusqu'à la guerre en Ukraine qui rebat les cartes, en Europe comme en Asie.

Tout démontre que les Taïwanais sont hostiles à une « réunification » pacifique avec le régime chinois tel qu'il existe aujourd'hui. Entre la démocratie taïwanaise et la dictature marxiste-léniniste à Pékin, aucune convergence n'est possible. Mais à moins d'un bouleversement en Chine, l'éviction de Xi Jinping, ou sa marginalisation par des pairs inquiets de son aventurisme et échaudés par l'exemple poutinien, l'indépendance de Taïwan à court terme n'est pas un scénario crédible. Dans moins de deux ans, en 2024, de nouvelles élections présidentielles et législatives auront lieu sur l'île et, quel que soit le parti, indépendantiste ou nationaliste, c'est la stabilité qui devrait l'emporter. Tsai Ing-wen ne peut pas se représenter pour des raisons constitutionnelles, et une nouvelle alternance avec un Kuomintang modernisé et plus éloigné des positions chinoises est possible. Dans les deux cas, la politique du *statu quo*, qui a la faveur de la population, devrait se poursuivre. En revanche, un scénario a aujourd'hui perdu toute crédibilité, c'est celui du principe « un pays deux systèmes » défendu par Pékin.

LE SCÉNARIO IMPOSSIBLE : LA FIN DU MODÈLE « UN PAYS DEUX SYSTÈMES »

L'évolution dramatique de la situation à Hong Kong, privé de toute autonomie face au pouvoir chinois, a joué un rôle de repoussoir qui a fortement contribué au changement d'image de la Chine à Taïwan mais aussi dans le monde et rendu impossible le projet de réunification imaginé par Deng Xiaoping. En 1979, le concept « un pays deux systèmes » avait été initialement conçu pour Taïwan. L'objectif était de séduire les investisseurs taïwanais en promettant à Taïwan le maintien de son système économique et social, de ses institutions et même d'un certain niveau de capacité militaire en échange de la reconnaissance par le Kuomintang, dans un contexte qui n'était pas encore démocratisé, que l'île faisait partie de la Chine. Ce concept a ensuite été appliqué à Hong Kong, alors que l'échéance de la rétrocession par le Royaume-Uni d'une large partie du territoire hongkongais se rapprochait. La déclaration conjointe sino-britannique de 1985 avait comme objectif de résoudre le problème sur les mêmes bases de large autonomie que celle proposée à Taïwan. Par cette déclaration, un traité international enregistré à l'ONU, la Chine s'engageait à préserver le système judiciaire, l'autonomie des pouvoirs législatif et exécutif de Hong Kong, ainsi que toutes les libertés civiques et politiques. Ces garanties ont été reprises dans la loi fondamentale de 1997, sorte de « constitution » attribuée à la zone administrative spéciale après la rétrocession. L'exemple de Hong Kong devait en retour devenir un modèle pour Taïwan[1].

Dès les années 2000, Pékin a tenté d'imposer des modifications au statut de Hong Kong, comme la loi antisubversion ou la loi sur l'éducation patriotique. L'ampleur de l'opposition et des manifestations a toutefois bloqué ces évolutions. Avec l'arrivée au pouvoir de Xi Jinping en 2012, comme sur d'autres sujets, la position de la Chine s'est considérablement durcie, sans respect pour les engagements pris.

Les promesses de libéralisation du système électoral sont restées lettre morte. Les attaques contre la liberté de publication se sont multipliées avec l'enlèvement de libraires hongkongais en 2015. En 2017, un porte-parole du ministère chinois des Affaires étrangères a même déclaré que la déclaration conjointe de 1985, pourtant traité international, n'était qu'un « document historique qui n'a plus de signification ». En 2019, des manifestations massives se sont opposées à la loi d'extradition que la Chine voulait imposer à Hong Kong. L'ensemble des droits qui garantissaient la spécificité de Hong Kong ont été progressivement bafoués et en 2020, la loi sur la sécurité nationale, qui ôte à Hong Kong ses spécificités démocratiques et remet en cause son autonomie, a été imposée par Pékin. Pour Taïwan, la répression à Hong Kong et la suppression de toutes les garanties promises par la RPC en 1997 pour récupérer le territoire a révélé un peu plus le caractère totalement illusoire de toutes les promesses d'autonomie du régime chinois.

Le modèle russe ou la « réunification » par la guerre

Si le modèle hongkongais est caduc, et les Taïwanais rétifs à une réunification « pacifique » à la chinoise, il reste pour Pékin l'usage de la force. Ce scénario de la réunification par les armes demeure toutefois improbable, en raison du coût humain bien sûr, mais plus encore économique et potentiellement politique de la guerre, en cas de défaite, pour le régime chinois. Conscients de ce coût potentiel, plusieurs militaires chinois, dont le général Qiao Liang, l'un des auteurs de *La Guerre hors limites*, ont d'ailleurs déclaré en 2020 que la première tâche de la Chine était toujours d'assurer la renaissance du pays et non pas d'attaquer Taïwan[2]. Mais si ce scénario est improbable, la crise ukrainienne a démontré que des dictateurs coupés de la réalité pouvaient oublier toute rationalité et se lancer dans des aventures délétères.

Des ouvrages d'experts ou de politique-fiction ont été écrits sur la prochaine guerre dans le détroit de Taïwan et cette option, pour la Chine, est très clairement sur la table[3]. En dépit des difficultés rencontrées par les forces russes, certains experts chinois ont cru voir dans l'invasion de l'Ukraine une « inspiration » pour passer à l'offensive, seul moyen d'atteindre l'objectif stratégique de la « réunification »[4]. À l'heure où j'écris ces lignes, nul ne peut dire encore comment la situation évoluera. Mais il est certain que le défi porté à la dissuasion au cœur du continent européen aura des conséquences pour Taïwan. Xi Jinping et ses conseillers observent les évolutions de la situation pour en tirer toutes les leçons possibles.

La première, et la plus dangereuse, serait celle de l'impuissance de l'OTAN et surtout des États-Unis, incapables de se résoudre à engager une guerre – potentiellement nucléaire – avec la Russie. La retraite d'Afghanistan avait déjà été interprétée comme un signal de faiblesse et d'impuissance. Même s'il s'agit d'un dangereux mauvais calcul, les dirigeants chinois ont pu y voir la confirmation de leur analyse : l'Occident a perdu ses capacités d'agir et la garantie de protection des États-Unis auprès de leurs alliés n'existe plus.

Encouragée par ce retrait stratégique supposé, une offensive chinoise contre Taïwan peut prendre plusieurs formes[5]. La première, la plus ambitieuse, serait celle d'une invasion à grande échelle, mobilisant l'ensemble des moyens militaires de la RPC pour s'emparer de l'île afin d'installer à Taipei un gouvernement à la solde de Pékin, comme l'était celui de Carrie Lam ou de son successeur à Hong Kong. Il s'agirait d'appliquer à Taïwan le plan initialement tenté en Ukraine par Vladimir Poutine, avec l'espoir de redéfinir les équilibres stratégiques et d'imposer la suprématie de la puissance chinoise sur l'île et en Asie.

Ce plan toutefois, même sans intervention des États-Unis, aurait un coût considérable et l'exemple ukrainien nous rappelle que sa réalisation est illusoire. Taïwan est plus petit et deux fois moins peuplé que l'Ukraine, mais le terrain est difficile, très montagneux et, comme le rappelait la présidente Tsai Ing-wen, l'île est séparée de la Chine non par une frontière mais par un détroit de plus de 100 km. Pékin espère pouvoir compter sur la démoralisation de la population, mais cette dernière pourrait être tout aussi bien galvanisée par une volonté de résistance à l'occupation chinoise ; et les forces armées taïwanaises ne sont pas démunies face à l'APL[6]. L'exemple de la résistance ukrainienne est là pour rappeler qu'un adversaire inférieur en nombre peut causer, par sa détermination, d'importants dommages à une force d'invasion. Les manifestations de soutien à l'Ukraine, très nombreuses à Taïwan, démontrent que la population de l'île n'est pas prête à céder. On voit au contraire se renforcer une volonté de résistance et un intérêt pour la défense longtemps boudée par la jeunesse de l'île inconsciente des menaces.

Avant d'en tirer d'éventuelles conclusions concrètes, la Chine va donc analyser les avancées russes, mais aussi leur coût, quel que soit le résultat ultime de la guerre. La Chine, en effet, est vulnérable. Comme Vladimir Poutine, elle peut utiliser l'arme du chantage nucléaire et des risques d'escalade, face à Taïwan comme face aux États-Unis et à leurs alliés en Asie. Mais si techniquement la RPC a la capacité de frapper le territoire américain avec ses missiles intercontinentaux, ses capacités nucléaires demeurent très inférieures à celles de la Russie*. Frapper les États-Unis entraînerait automatiquement une riposte létale de leur part. Quant aux moyens conventionnels, on parle beaucoup de la supériorité des forces chinoises, à l'horizon 2030, sur le théâtre asiatique. Mais compter le nombre de navires, d'avions et même de missiles ne suffit pas pour évaluer une puissance capable de se mesurer, dans les conditions du combat moderne, à la superpuissance américaine et à des forces taïwanaises bien entraînées.

L'autre incertitude porte sur le coût des sanctions, dont on a vu qu'elles pouvaient être massives. La Chine est devenue aujourd'hui la seconde puissance économique mondiale, la première puissance commerciale, mais elle repose sur l'accès libre au système financier et aux marchés des grandes puissances occidentales et du Japon, ainsi qu'aux nombreuses technologies dont elle dépend. Dans l'objectif de grande renaissance de la

* La Chine dispose de 300 têtes nucléaires contre plus de 5 000 pour la Russie et les États-Unis.

nation chinoise de Xi Jinping, il y a la « réunification » avec Taïwan, mais aussi la poursuite du développement du pays, seule véritable garantie de sa place dans le monde et de la stabilité du régime. Ce développement serait considérablement entravé si, en s'emparant de Taïwan, la Chine se coupait du monde et était également obligée de détruire les fleurons technologiques de l'île, ceux qui ont justement contribué à sa propre croissance.

Si Mao Zedong a théorisé la guerre prolongée, il l'a fait du point de vue défensif, et les stratèges chinois connaissent les dangers d'un enlisement. C'est celui auquel les troupes russes sont aujourd'hui confrontées. Dans ces circonstances, la question du soutien de la population et des élites à une action extérieure est vitale, et elle est loin d'être assurée, même si les oppositions s'expriment peu. Le succès – ou non – de l'invasion de l'Ukraine par la Russie et la capacité de Vladimir Poutine à imposer sa volonté et à faire taire toute critique seront étudiés attentivement par Pékin. Si l'aventure ukrainienne devait se terminer par un échec, l'avertissement vaudrait aussi pour Xi Jinping.

Une opération limitée ?

Face à ces incertitudes, la Chine pourrait aussi être tentée par une action de moindre envergure, mais dont les résultats, en termes de basculement des rapports de force, seraient considérables. Les archipels de Kinmen et de Matsu, qui appartiennent à Taïwan, sont situés à quelques kilomètres des côtes chinoises, et leur défense a été considérablement réduite depuis les années 2000. La Chine n'a pas pu s'en emparer dans les années 1950 et par la suite, elle ne l'a pas souhaité. En revanche, s'en saisir aujourd'hui, si les États-Unis décidaient de ne pas intervenir pour éviter l'escalade, permettrait à Pékin de remporter une victoire psychologique très significative. Aux yeux de Taïwan, et du reste de l'Asie, ce serait la démonstration que la protection des États-Unis n'existe plus face aux ambitions chinoises. La Chine pourrait obtenir des concessions majeures, dont celle, par les autorités taïwanaises, de la reconnaissance du principe d'une seule Chine sous l'égide de Pékin. La RPC pourrait alors, au moins dans un premier temps, s'en tenir à cette avancée[7].

Mais là encore, la victoire est loin d'être assurée. Taïwan, surtout après l'exemple ukrainien, choisirait certainement de défendre ces territoires. En cas de prolongation des opérations, il serait plus difficile encore aux États-Unis de rester en dehors du conflit et, à nouveau, le calcul du risque pour Pékin se pose avec acuité. Comme le rappelait la présidente Tsai Ing-wen après l'invasion de l'Ukraine, la situation de Taïwan est en effet différente. Alors qu'il n'existe aucun engagement de défense entre Washington et Kiev, qui n'est pas dans l'OTAN, le *Taiwan Relations Act* préserve l'ambiguïté et n'exclut pas *a priori* une intervention des États-Unis qui, encore une fois, pourraient choisir de s'opposer à Pékin frontalement, y compris pour recrédibiliser leur capacité de dissuasion aux yeux de l'ensemble de leurs alliés.

Dans ce contexte, en choisissant d'attaquer Taïwan, le régime chinois prendrait en réalité le risque de se perdre. Une défaite, l'immense coût économique qui en résulterait, l'isolement diplomatique, l'humiliation, ne pourraient qu'entraîner une remise en cause si ce n'est du régime lui-même, au moins de ceux qui, à sa tête, auraient mené la Chine à sa perte.

Utopie ou réalisme à long terme ? La victoire du modèle taïwanais

Un autre scénario beaucoup plus positif, mais sans doute très éloigné dans le temps, est celui d'une convergence des régimes à la suite d'un processus graduel de démocratisation à la taïwanaise sur le continent. C'est le seul scénario qui puisse assurer à long terme la prospérité à une puissance chinoise renouvelée et pleinement intégrée au concert des nations. Ce scénario, longtemps rejeté au nom du réalisme, n'est en réalité pas si incongru. Dans un régime comme le régime chinois, et comme celui du KMT hier, toute évolution positive ne peut venir que d'en haut, d'un groupe de dirigeants qui comprennent, comme l'avait fait Chiang Ching-kuo dans les années 1980, que seule une évolution pacifique du système peut en assurer sinon la survie, au moins éviter un effondrement brutal, particulièrement coûteux pour les élites du régime.

D'aucuns considèrent qu'une Chine démocratisée ne renoncerait pas à la réunification avec Taïwan, poussée par le nationalisme de sa population. Pourtant, les démocraties sont moins promptes à brandir des revendications irrédentistes pour survivre. Le risque de voir émerger une démocratie imparfaite, à la russe, existe également, mais il n'est pas certain que, même dans ce cas de figure, la Chine soit en mesure de se passer du soutien des investisseurs et des technologies taïwanaises et ait les moyens de se lancer dans un conflit perdu d'avance. Si l'on adopte une vision à plus long terme, et pourquoi pas celui de l'horizon 2049 que les dirigeants chinois se fixent, on peut considérer que le meilleur qui pourrait arriver à la RPC serait non pas le triomphe d'un siècle de Parti communiste au pouvoir, mais l'adoption du modèle taïwanais de changement de régime, une évolution graduelle vers un système plus ouvert, plus démocratique et finalement plus stable.

La visibilité de Taïwan sur la scène internationale, loin de s'effacer, va croissant, et son modèle démocratique apparaît comme de plus en plus légitime. La guerre en Ukraine a mobilisé les démocraties, unies contre l'agression russe, et on peut supposer qu'une attaque contre Taïwan aurait les mêmes conséquences, le même effet d'entraînement, contre la dictature chinoise, même si Taïwan n'est pas un État officiellement reconnu. Contrairement aux idées convenues et au récit que Pékin tente d'imposer, c'est pour Taïwan et son système politique que le temps joue, et non pas pour un régime chinois plus fragile qu'il n'y paraît. Car la Chine est fragile, même si aujourd'hui elle apparaît toute-puissante et Xi Jinping, solidement installé au pouvoir. Les interrogations qui portent sur les faiblesses intrinsèques du système se multiplient. Les réformes nécessaires à la promotion d'une économie plus durable, moins coûteuse en énergie et en matière première, mieux appuyée sur le marché intérieur et moins destructrice pour l'environnement sont constamment annoncées. Mais celles-ci se heurtent aux exigences de survie d'un parti qui craint de toucher aux fondements de son pouvoir de contrôle sur la population et l'économie. La stratégie très agressive adoptée par Xi Jinping suscite un rejet qui se traduit par une perception de plus en plus dégradée de la puissance chinoise dans le monde. Si le pouvoir chinois n'est pas immédiatement menacé, sa marge de manœuvre tend à se réduire. L'accès aux technologies et aux marchés extérieurs est plus contrôlé, conséquence des sanctions américaines, mais aussi d'une exigence croissante de réciprocité qui s'impose en Europe. La population aspire à la stabilité que peut lui offrir le régime actuel, son soutien dépend surtout de la capacité de ce dernier à assurer une croissance économique suffisante pour garantir une augmentation continue du niveau de vie des générations. Avant même la crise du Covid-19, la croissance chinoise était entrée dans une phase descendante. En 2022, elle ne devrait pas dépasser 5,5 %, alors même que les besoins sociaux, notamment ceux liés à la santé et à la prise en charge d'une population vieillissante, ne sont pas assurés. La Chine fait face à de multiples problèmes qui pèsent sur son image et sur ses choix.

À l'inverse, Taïwan l'emporte – comme l'Ukraine face à la Russie – dans la bataille de l'image. Loin d'être marginalisée, la République de Chine apparaît comme un modèle positif pour l'avenir de la Chine elle-même. Peut-être utopique, c'est pourtant ce scénario de convergence des régimes qui seul rendrait possible une résolution à long terme de la question taïwanaise quelle que soit la formule choisie. Une forme de fédération laissant toutes leurs places aux « minorités », du Xinjiang au Tibet ou à la Mongolie « intérieure » en passant par Hong Kong et Taïwan pourrait émerger, regroupant plusieurs « pays » sous un seul système démocratisé. Ou une séparation à l'amiable, la reconnaissance d'un État taïwanais indépendant mais étroitement lié, par sa culture, son histoire et ses intérêts au continent chinois. Dans les deux cas de figure, c'est la paix qui pourrait enfin l'emporter.

Notes

Introduction

1. https://english.president.gov.tw/NEWS/6209

2. Valérie Niquet, *La Puissance chinoise en 100 questions*, Tallandier ; rééd. *La Chine en 100 questions. La puissance et les failles*, « Texto », 2021.

Chapitre premier
Vers la guerre ?

1. Thomas J. Shattuck, *Assessing the Pattern of PLA Air Incursions into Taiwan's ADIZ*, FPRI, 7 avril 2021. Depuis le mois de septembre 2020, le ministère taïwanais de la Défense rend public ces exercices sur son site et son compte Twitter.

2. Liu Xuanzun, « PLA Aircraft Again Surround Taiwan in Drills with US Intervention in Mind », *Global Times*, 30 mars 2021.

3. *Ibid.*

4. « One-China Principle a "Red Line" not to be Crossed in China-US relations », *Xinhua*, 7 mars 2021, http://www.xinhuanet.com/english/2021-03/07/c_139792284.htm

5. « Highlights of Xi's Speech on 40th Anniversary of "Message to Compatriots in Taiwan" », *New China*, 2 janvier 2019.

6. *Ibid.*

7. John Pomfret, « China's Xi Says Political Solution for Taiwan Can't Wait Forever », Reuters, 6 octobre 2013.

8. « Mainland Strives for Peaceful Reunification. Will Never Allow Secession », *Global Times*, 28 avril 2021.

9. Franck S. T. Hsiao, Lawrence R. Sullivan, « The Politics of Reunification : Beijing's Initiative on Taiwan », *Asian Survey*, 20/8, août 1980. Le concept signifie que deux systèmes peuvent cohabiter, socialiste sur le continent, libéral à Taïwan, Hong Kong ou Macao.

10. https://www.mfa.gov.cn/ce/ceus/eng/zt/999999999/t187406.htm

11. « China National Defense in the New Era », *White Paper 2019*, http://english.www.gov.cn/archive/whitepaper/201907/24/content_WS5d3941ddc6d08408f502283d.html

12. *Ibid.*

13. Valérie Niquet, *La Puissance chinoise en 100 questions*, *op. cit.*

CHAPITRE 2
Taïwan est-il chinois ?

1. Les éléments concernant l'histoire ancienne de Taïwan sont tirés de l'étude de Tonio Andrade, *How Taiwan Became Chinese : Dutch, Spanish and Han Colonization in the Seventeeth Century*, New York, Columbia University Press, 2008.

2. Tonio Andrade, *How Taiwan Became Chinese*, *op. cit.*

3. *Ibid.*

4. *Ibid.*

5. Tonio Andrade, *How Taiwan Became Chinese*, *op. cit.*

6. Alan M. Wachman, *Why Taiwan ? Geostrategic Rationales for China's Territorial Integrity*, Stanford, Stanford University Press, 2007.

7. Jean-Pierre Cabestan, « Specificities and Limits of Taiwanese Nationalism », *China Perspectives*, 62, 2005.

8. Cité par Emma Jinhua Teng, *Taiwan's Imagined Geography, Chinese Colonial Travel Writing and Pictures 1683-1895*, Cambridge (Mass.), Harvard University Press, 2004.

9. Alan M. Wachman, *Why Taiwan ?*, *op. cit.*

10. Frank S. T. Hsiao, Lawrence R. Sullivan, « The Chinese Communist Party and the Status of Taiwan : 1928-1945 », *Pacific Affairs*, 52/3, automne 1979, https://www.jstor.org/stable/2757657?seq=22

11. Alexandre Gandil, « Vie et mort de la République de Formose 1895 », *Asialyst*, 1er juillet 2016.

12. Kelly B. Olds, « The Biological Standard of Living in Taiwan under Japanese Occupation », juillet 2003.

13. George H. Kerr, *Formosa : Licensed Revolution and the Home Rule Movement, 1895-1945*, Honolulu, University Press of Hawaii, 1974.

14. Liao Ping-hui, David Der-wei Wang (dir.), *Taiwan Under Japanese Colonial Rule, 1895-1945*, New York, Columbia University Press, 2006.

15. George H. Kerr, *Formosa*, *op. cit.*

16. Masahiro Yamazaki, « How Taiwanese People Perceived the Colonial Era », *Modern History Read from the Five Wars*, 5 avril 2016.

17. George H. Kerr, *Formosa*, *op. cit.*

18. David Shack, *Civility and Its Development : the Experiences of China and Taiwan*, Hong Kong, Hong Kong University Press, 2018.

19. George H. Kerr, *Formosa*, *op. cit.*

20. *Ibid.*

21. Vladimir Stolopan-Filipesco, « D'une assimilation à l'autre : la transition des politiques éducatives japonaises à celles de la République de Chine à Taïwan dans l'après-guerre », *Mondes chinois*, 58/2, 2019.

22. Mark R. Peattie (dir.), *The Japanese Colonial Empire, 1895-1945*, Princeton, Princeton University Press, 1984.

23. Valérie Niquet, *Le Japon en 100 questions*, *op. cit.*

24. Philippe Chevalerian, « Taïwan des années 1930 aux années 1950 : la naissance d'une société pluraliste », *Monde chinois*, 58/2, 2019 ; George H. Kerr, *Formosa*, *op. cit.*

25. Liao Ping-hui, David De-Wei Wang (dir.), *Taiwan under Japanese Colonial Rule : History, Culture, Memory,* New York, Columbia University Press, 2006.

26. David Shack, *Civility and Its Development*, *op. cit.*

27. Liao Ping-hui, David De-Wei Wang (dir.), *Taiwan under Japanese Colonial Rule*, *op. cit.*

28. George H. Kerr, *Formosa*, *op. cit.*

29. Jean-Pierre Cabestan, « Specificities and Limits of Taiwanese Nationalism », art. cité.

30. Selon la déclaration de Potsdam, le territoire japonais devait être réduit aux îles de Honshu, Kyushu, Shikoku « and such minor islands as will be discussed ».

31. Frank S. T. Hsiao, Lawrence R. Sullivan, « The Chinese Communist party and the Status of Taiwan », art. cité.

32. Peng Ming-min, *A Taste of Freedom*, New York, Rinehart and Winston, 1972.

33. Wang Baiyuan, « The Struggle of Taiwanese History », cité dans Liao Ping-hui, David De-Wei Wang (dir.), *Taiwan under Japanese Colonial Rule*, *op. cit.*

34. Thomas J. Shattuck, « Taiwan's White Terror », Asia Program, *e-note,* 27 février 2017.

35. *History*, https://www.taiwan.gov.tw/content_3.php

36. Valérie Niquet, *La Chine en 100 questions*, *op. cit.*

37. Aris Teon, « The Guomindang, the Communist Party and Leninism », *The Greater China Journal*, 1er juin 2016.

38. Laws and Regulations database of Republic of China (Taiwan).

39. Huang Ying-che, « Were Taiwanese Being "Enslaved" », dans Liao Ping-hui, David De-Wei Wang (dir.), *Taiwan under Japanese Colonial Rule*, *op. cit.*

40. *Ibid.*

41. *Ibid.*

42. Russell Hsiao, « Taiwan Work Leading Small Group Under Xi Jinping », *China Brief*, 13/12, 7 juin 2013.

43. Jean-Pierre Cabestan, « Specificities and Limits of Taiwan Nationalism », art. cité.

44. « Jusqu'à la fin des années 1980, l'objectif du Kuomintang était de "civiliser" les populations "sauvages" qui, jusqu'en 1998, seront désignées sous le nom de "compatriotes des montagnes" (*shanzhu tongbao*) », Stéphane Corcuff, *Memories of the Future : National Identity Issues and the Search for a New Taiwan*, Londres, Routledge, 2002.

45. Barthélemy Courmont, *De l'autre côté du détroit, une île en quête d'identité*, Belin, 2008.

46. Valérie Niquet, « "Confu Talk". The Use of Confucean Concepts in Contemporary Chinese Foreign Policy », dans Anne-Marie Brady (dir.), *China's Thought Management*, Londres, Routledge, 2011.

47. George H. Kerr, *Formosa*, *op. cit.*

48. Hugo Tierny, « Taiwan is Home », *Taiwan Sentinel,* https://sentinel.tw/mainlanders-means-Taiwanese/

49. Chih-Jou Jay Chen, Victor Zheng, « Changing Attitudes Toward China in Taiwan and Hong Kong in the Xi Jinping Era », *Journal of Contemporary China*, 5 juillet 2021.

50. Election Study Center, National Chengchi University, https://esc.nccu.edu.tw/upload/44/doc/6963/Tondu202106.jpg

CHAPITRE 3
La marche vers la démocratie

1. Jay Taylor, *The Generalissimo, Chiang Kai-shek and the Struggle for Modern China*, Cambridge (Mass.), Harvard University Press, 2009.

2. *Ibid.*

3. Stéphane Corcuff (dir.), *Memories of the Future : National Identity issues and the Search for a New Taiwan*, New York, M. E. Sharpe, 2005.

4. Samia Ferhat, *Les Dangwai et la démocratie à Taïwan. Une lutte pour la reconnaissance de l'entité politique taïwanaise. (1949-1986)*, Paris, L'Harmattan, 1998.

5. Stéphane Corcuff (dir.), *Memories of the Future*, *op. cit.*

6. Philippe Chevalérias, « Taïwan-Chine, un rapprochement économique teinté d'arrière-pensées politiques », *Outre-Terre*, 15, 2006.

7. Jean-Pierre Cabestan, Benoit Vermander, *La Chine en quête de ses frontières*, Presses de Science Po, 2005.

8. Jean-Pierre Cabestan, « Specificities and Limits of Taiwanese Nationalism », art. cité.

9. Stephane Corcuff, *Memories of the Future : National Identities Issues and the Search for a New Taiwan*, New York, Routledge, 2002.

10. Jean-Pierre Cabestan, Benoît Vermander, *Le Système politique taïwanais*, Paris, Presses de Sciences Po, 2005.

11. *Ibid.*

12. http://www.npc.gov.cn/zgrdw/englishnpc/Constitution/node_2825.htm

13. http://www.xinhuanet.com/english/download/Constitution_of_the_Communist_Party_of_China.pdf

14. https://rsf.org/en/ranking

CHAPITRE 4
Soft power taïwanais contre *hard power* chinois

1. https://freedomhouse.org/countries/freedom-world/scores

2. Ce taux n'est que de 0,78 % en République populaire de Chine. Ryan Drillsna, « Taiwan Contains Lowest Percentage of Citizens Living Below Poverty line in Asia », *Taiwan News*, 27 juin 2019.

3. Aspen Chen, « "Going to America", an Overview on Taiwanese Migration to the US », *Taiwan Insight*, 15 juin 2021.

4. Gary D. Rawnsley, « Taiwan's Soft Power and Public Diplomacy », *Journal of Current Chinese Affairs*, 43/3, 2014.

5. Bai Xianyong, *Garçons de Cristal*, trad. André Levy, Paris, Piquier, 2013.

6. https://Taiwaninfo.nat.gov.tw/news.php?post=65749&unit=63,75, 81,90,182

7. Xiaobing Tang, « On the Concept of Taiwan Literature », Modern China, 25/4, octobre 1999.

8. *Ibid.*

9. Amber Wang, « Taiwan's Golden Horse a Holdout for Uncensored Chinese Cinema », https://hongkongfp.com/2021/11/27/Taiwans-golden-horse-a-holdout-for-uncensored-chinese-cinema/, 27 novembre 2021.

10. Brian Hioe, « From the New Wave to the Present : International Soft Power in Taiwanese Film and TV », *Taiwan Insight*, 16 novembre 2021.

11. Nancy A. Guy, « Peking Opera as "National Opera" in Taiwan : What's in a Name ? », *Asian Theater Journal*, 12/1, printemps 1995.

12. *Ibid.*

13. Claire Liu, « Mothballing the Military Gear : the Kuo-Kuang Opera Company », *Taiwan panorama*, 8 février 1996.

CHAPITRE 5
Le poids économique de Taïwan face à la Chine

1. *Act Governing Relations Between the People of the Taiwan Area and the Mainland Area*, https://law.moj.gov.tw/ENG/LawClass/LawAll.aspx?pcode=Q0010001

2. Roy C. Lee, « Taiwan's China Dependency is a Double-Edged Sword », *East Asia Forum*, 6 juillet 2021.

3. Yasuhiro Matsuda, « Cross-Strait Relations under the Ma Ying-jeou Administration, from Economic to Political Dependence ? », *Journal of Contemporary East Asia Studies*, 4/2, 2015.

4. Straits Exchange Foundation, https://www.sef.org.tw/

5. Françoise Mengin, *Fragments d'une guerre inachevée. Les entrepreneurs taïwanais en Chine, Taisheng (in)disciplinés par une frontière non reconnue*, Paris, Karthala, 2013.

6. Roy C. Lee, « Taiwan's China Dependency is a Double-Edged Sword », art. cité.

7. https://www.whitehouse.gov/

8. https://www.mac.gov.tw/en/News_Content.aspx?n=0D58AA484DB9A9B1&sms=35503662D9CE6DD9&s=2BFE6AAAE822238E

9. « President Tsai Pledges to Build More Resilient Supply Chain in Taiwan », *Taiwan Today,* 12 novembre 2021.

10. Evan A. Feigenbaum, Michael R. Nelson, *Taiwan's Opportunities in Emerging Industry Supply Chains,* Carnegie Endowment for International Peace, 24 novembre 2021, https://carnegieendowment.org/2021/11/24/taiwan-s-opportunities-in-emerging-industry-supply-chains-pub-85850

Chapitre 6

Touché mais non coulé : l'envergure diplomatique de Taïwan

1. https://www.gov.uk/government/publications/g7-foreign-and-development-ministers-meeting-may-2021-communique/g7-foreign-and-development-ministers-meeting-communique-london-5-may-2021

2. Jean-Pierre Cabestan, « The Somaliland Connection, Taiwan's Return to Africa? », *The Diplomat,* 2 septembre 2021.

3. https://www.ait.org.tw/our-relationship/policy-history/key-u-s-foreign-policy-documents-region/Taiwan-relations-act/

4. http://www.Taiwandocuments.org/assurances.htm

5. « Readout of President Biden's Virtual Meeting with President Xi Jinping of the PRC », The White House, 16 novembre 2021.

6. https://www.ait.org.tw/our-relationship/policy-history/key-u-s-foreign-policy-documents-region/Taiwan-relations-act/

7. A. Trevor Thrall, Jordan B. Cohen, Michael Klare, « New Arms Sales Send the Wrong Signal on Taiwan », *Defensenews,* 18 août 2021.

8. Richard Hass, David Sacks, « American Support for Taiwan Must be Unambiguous », *Foreign Affairs,* 2 septembre 2020.

9. https://www.govinfo.gov/content/pkg/COMPS-15340/pdf/COMPS-15340.pdf

10. https://www.congress.gov/bill/116th-congress/senate-bill/1678/text

11. « US Position on Taiwan Unchanged Despite Biden Comment », *Reuters,* 20 août 2021, https://www.asahi.com/ajw/articles/14421866

12. *Defense of Japan 2021,* https://www.mod.go.jp/en/publ/w_paper/wp2021/DOJ2021_Digest_EN.pdf

13. https://www.whitehouse.gov/briefing-room/statements-releases/2022/01/21/readout-of-president-bidens-meeting-with-prime-minister-kishida-of-japan/

14. Il s'agit de Yasuhide Nakayama, numéro 2 du ministère de la Défense dans « Senior Japanese Defense Official says Democracies must back up Taiwan and stand up to China », *Japan Times*, 29 juin 2021.

15. Ayumi Teraoka, « Time to Re-examine Japan's Longstanding Ambiguity over Taiwan », *Japan Times*, 24 juin 2021.

16. « Deputy Prime Minister Says Japan Must Defend Taiwan with the US », *Japan Times*, 6 juillet 2021.

17. Makoto Fukuda, « Recents Developments in Japan-Taiwan Relations », dans Yuki Tatsumi, Pamela Kennedy (dir.), *Japan-Taiwan Relations, Opportunities and Challenges*, mars 2021.

18. Hunter Marston, Richard C. Bush, *Taiwan's Engagement with South East Asia is Making Progress Under the New Southbound Policy*, 30 juillet 2018.

19. Hunter Marston, Richard C. Bush, *Taiwan's Engagement with South East Asia*, *op. cit.*

20. Sana Hashmi, « India-Taiwan Ties, a Case for Stronger Partnership » *Asie-Visions*, 125, novembre 2021.

21. https://eeas.europa.eu/sites/default/files/jointcommunication_2021_24_1_en.pdf

22. Jean-Pierre Cabestan, « The Somaliland Connection », art. cité.

23. Sergey Vradiy, « Russia's Unofficial Relations with Taiwan », https://src-h.slav.hokudai.ac.jp/coe21/publish/no16_2_ses/10_vradiy.pdf

24. *Ibid.*

25. https://www.ly.gov.tw/EngPages/Detail.aspx?nodeid = 45006&pid = 209336

Chapitre 7
Résister à la Chine : Taïwan face à la guerre d'influence

1. Valérie Niquet, *L'Art de la guerre. Deux commentaires de Sun Zi*, traduction et édition critique, Economica, 1998.

2. Jude Blanchette, Scott Kennedy, Scott Livingstone, Bonnie S. Glaser, *Protecting Democracy in an Age of Disinformation*, CSIS report, 27 janvier 2021.

3. https://www.mfa.gov.cn/ce/ceus/eng/zt/999999999/t187406.htm

4. Graig Silverman, « Chinese Trolls are Spreading Coronavirus Disinformation in Taiwan », *Buzfeed News*, 5 mars 2020.

5. *Ibid.*

6. Nick Aspinwall, « Taiwan Shaken by Concerns Over Chinese Influence in Media, Press freedom », *The Diplomat,* 27 juillet 2019.

7. Ma Ying-jeou, « Building National Security for the Republic of China », https://csis-website-prod.s3.amazonaws.com/s3fs-public/legacy_files/files/attachments/110512_President_Ma_CSIS.pdf, 12 mai 2011.

8. Françoise Mengin, *Fragments d'une guerre inachevée*, *op. cit.*

9. *Ibid.*

10. Ming Sho-ho, *Challenging Beijing's Mandate of Heaven : Taiwan's Sunflower Movement and Hong Kong's Umbrella Movement,* Philadelphie, Temple University Press, 2019.

11. David G. Brown, « Can the KMT Reform – and Remain relevant? », *The Diplomat*, 11 septembre 2020.

12. Yu-Fen Lai, « Suspension or Fadeout ? Student Exchanges from China to Taiwan », *Observation*, 2, Max Planck Institute, 18 décembre 2020.

CHAPITRE 8
David contre Goliath

1. http://www.npc.gov.cn/

2. https://www.andrewerickson.com/2019/07/full-text-of-defense-white-paper-chinas-national-defense-in-the-new-era-english-chinese-versions/

3. En 2020, 89 % de la population taïwanaise s'opposait au principe « un pays deux systèmes », voir Jean-Pierre Cabestan, *Demain la Chine. Guerre ou paix ?,* Paris, Gallimard, 2021.

4. https://media.defense.gov/2021/Nov/03/2002885874/-1/-1/0/2021-CMPR-FINAL.PDF

5. *Ibid.*

6. Jeffrey Lewis, David Joël La Boon, Decker Eveleth, *China's Growing Missile Arsenal and the Risk of a "Taiwan Missile Crisis",* NTI Report, 18 novembre 2020, https://www.nti.org/analysis/articles/chinas-growing-missile-arsenal-and-the-risk-of-a-taiwan-missile-crisis/

7. *Ibid.*

8. Yimou Lee, « Taiwan says China can paralyse its defences threat worsening », *Reuters*, 1er septembre 2021.

9. « Taiwan Says it is Inappropriate to Link its Situation to Ukraine », *Reuters,* 28 février 2022.

10. Valérie Niquet, Marc Jullienne, « Conception, Production, Exportation d'avions de combats, quelles ambitions chinoises à l'horizon 2030 ? », *Recherches et Documents*, note 08/2017, FRS, octobre 2017.

11. Ian Easton, « China's Top 5 War Plans », https://project2049.net/wp-content/uploads/2019/01/Chinas-Top-Five-War-Plans_Ian_Easton_Project2049.pdf

12. https://graphics.reuters.com/TAIWAN-CHINA/SECURITY/jbyvrnzerve/

13. Mark Stokes, Yang Kuang-shun, Eric Lee, « Preparing for the nightmare readiness and ad hoc coalition operations in the Taiwan strait », Project 2049 Institute, 1er septembre 2020.

14. *National Defense Report*, Republic of China, 2015.

15. *Ibid.*

16. Tso-Juei Hsu, « Taiwan's CSBS Unveils New Frigate Design For ROC Navy », *Naval News*, 12 décembre 2020.

17. https://graphics.reuters.com/TAIWAN-CHINA/SECURITY/jbyvrnzerve/

18. *Republic of China national Defense Report 2021*, *op. cit.*

19. Brian Hioe, « Ukraine War Gives Taiwan Pointers for its Own Defense », *The Japan Times,* https://www.japantimes.co.jp/opinion/2022/03/16/commentary/world-commentary/taiwan-defense-ukraine/, 16 mars 2022.

Conclusion

1. Valérie Niquet, « Deux ans après la déclaration commune sino-britannique, la situation politique à Hong Kong », *Revue d'études comparatives Est-Ouest,* Année 1986, 17-7, https://www.persee.fr/doc/receo_0338-0599_1986_num_17_4_1289

2. « Too Costly : Chinese Military Strategist Warns Now is the Time to Take Back Taiwan », *Yahoo News*, 4 mai 2020.

3. Jean-Pierre Cabestan, *Chine-Taïwan. La guerre est elle concevable ?*, Paris, Economica, 2003 ; Elliot Ackerman, *2034,* Londres, Penguin Books, 2021.

4. 综述"美俄乌克兰对峙下台海局势演变与对策"研讨会 (« Évolution de la situation dans le détroit de Taïwan sous la pression de la confrontation États-Unis-Russie-Ukraine »), 17 février 2022.

5. Voir chap. 7.

6. *Ibid.*

7. Jean-Pierre Cabestan, *Chine-Taïwan*, *op. cit.*

Table des cartes

Table

PEFC 10-31-1510

Certifié PEFC

Ce produit est issu de forêts gérées durablement et de sources contrôlées.

pefc-france.org

Achevé d'imprimer par
Corlet Imprimeur
14110 Condé-en-Normandie

Réalisation : Nord Compo à Villeneuve-d'Ascq
Dépôt légal : mai 2022
ISBN : 979-10-210-4728-0
N° d'impression : 22020503
N° d'édition : 4771
Impression en France